NATUR FOTOGRAFIE

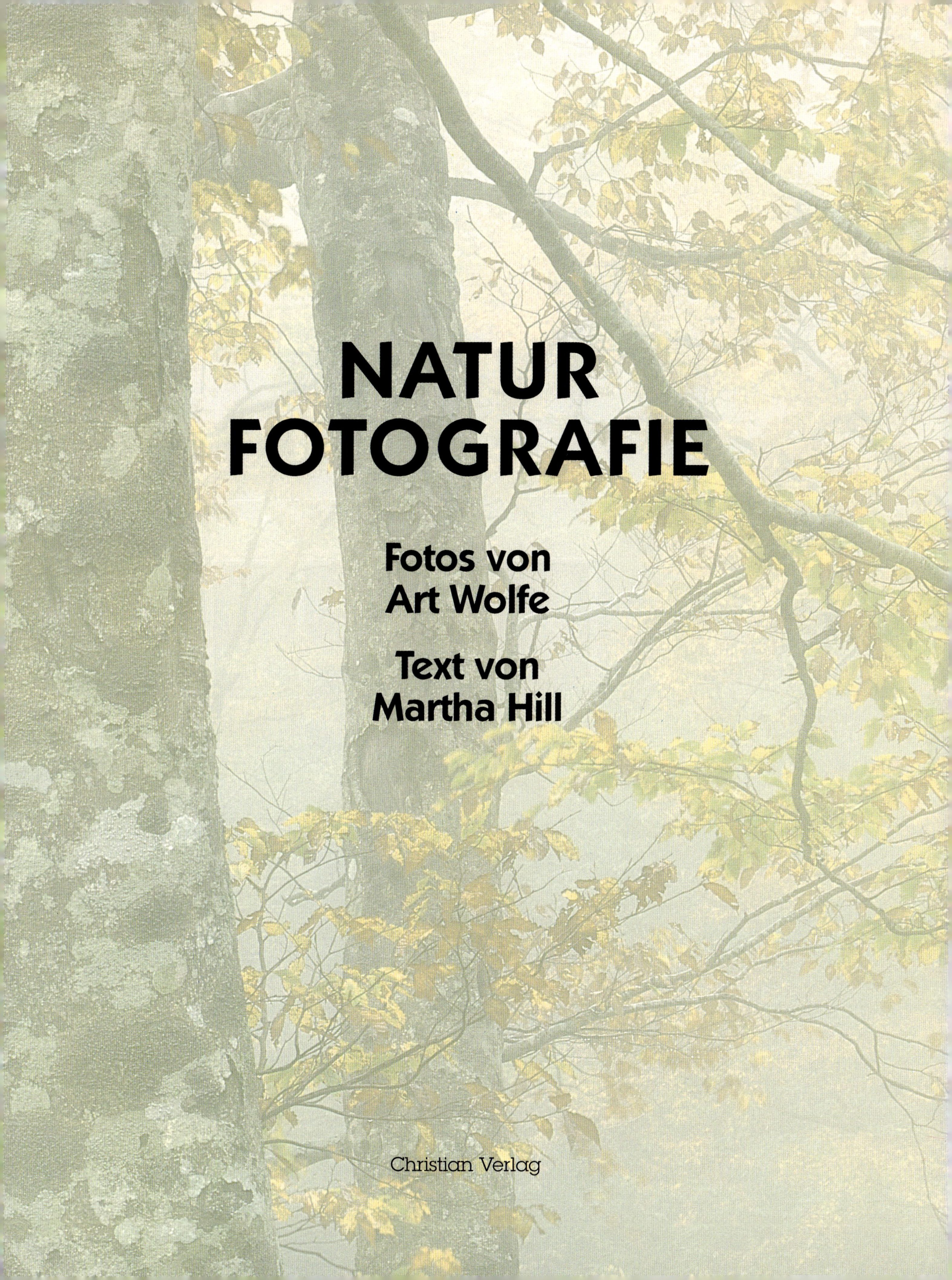

NATUR FOTOGRAFIE

Fotos von
Art Wolfe

Text von
Martha Hill

Christian Verlag

Für Kevin,
nah und fern

Aus dem Englischen übersetzt von
Rudolf Hillebrand
Redaktion: Elisabeth Boehmert und Jens-Uwe Voss
Korrektur: Petra Tröger
Umschlaggestaltung: Horst Bätz
Herstellung: Dieter Lidl
Satz: Satz & Repro Grieb, München

Die Originalausgabe mit dem Titel
The Art of Photographing Nature
wurde erstmals 1993 von Crown Publishers, Inc., New York,
veröffentlicht

Druck und Bindung: Dai Nippon, Tokio
Printed in Japan

ISBN 3-88472-277-8

INHALT

DANKSAGUNG

Die Idee zu diesem Buch entstand vor einigen Jahren, als ich noch Bildredakteurin bei der Zeitschrift *Audubon* war. Leider gibt es das Team, mit dem ich 14 Jahre lang zusammengearbeitet habe, nicht mehr. Es wurde im Zuge einer Neuordnung, in der eine neue Ausrichtung der Zeitschrift gesucht wurde, in alle Richtungen zerstreut. Die Kameradschaft in der kleinen, aber sehr engagierten Mannschaft und deren hoher Anspruch und die Professionalität in der Arbeit werde ich vermissen. Es war ein Vergnügen für mich, Teil dieses Teams zu sein.

Auch den vielen hervorragenden Fotografen, mit denen ich über die Jahre hinweg zusammengearbeitet habe, möchte ich danken. Ihr Engagement war aus der Liebe und Hingabe zu ihren Motiven geboren, was oft genug Verzicht auf materielle Werte bedeutete. Trotz dieser, vielleicht gerade wegen dieser Eigenschaften kamen sie zu den hervorragenden Bildern, mit denen wir arbeiten konnten und durften.

Es gibt eine Reihe von Fotografen, die vielleicht auch indirekt dieses Buch inspiriert haben. Zunächst der verstorbene Ernst Haas, dessen Kunst mein Standard war, an dem ich andere maß, und dessen künstlerisches Genie in mir den Wunsch weckte, anderen sehen zu helfen. Wenn es etwas in meiner Tätigkeit gibt, das ich bedaure, dann die Tatsache, daß wir nie seine Arbeiten in *Audubon* veröffentlichen konnten. Nicht, weil wir nicht wollten – er war ebenso daran interessiert wie ich –, sondern weil wir leider nicht das Budget hatten, um seine Idee zu finanzieren, noch einmal für einen Monat zum Fotografieren nach Island zu reisen.

Weiterhin möchte ich Boyd Norton danken, der mich als erster ermuntert hat, ab 1979 mit ihm zusammen Workshops zu leiten. Diese Lehrtätigkeit zwang mich dazu, für andere zu artikulieren, was ich durch meine tägliche Arbeit als Bildredakteurin gelernt hatte. Die Workshops machten nicht nur Spaß; sie waren sowohl für mich als Leiterin als auch für die Teilnehmer sehr informativ.

Wie bei allen vergleichbaren Projekten spielen auch bei diesem bestimmte Personen eine wichtige Rolle, selbst wenn sie nur im Hintergrund agieren. Diesen Kollegen und Freunden möchte ich ebenfalls danken. Guy Tudor, Vogelkundler und Naturfreund, ebenso wie meinem Vater Oscar Mertz, einem pensionierten Professor, daß sie das künstlerische Konzept meines Manuskripts auf Herz und Nieren geprüft haben. Der Fotografin und Schriftstellerin Susan Gibler für ihre anregenden Kommentare und Ergänzungen. Den Bildredakteuren Karen Zakrison und Kay Zakariasen für ihre Anmerkungen. Dem Fotografen Richard Frank für seine freundliche Erlaubnis, sein Foto von mir am Leuchttisch von *Audubon* verwenden zu dürfen.

Meinem Koautor Art Wolfe möchte ich nicht nur meine tiefempfundene Wertschätzung für seine wundervollen Fotos aussprechen, sondern auch für seinen Enthusiasmus und seine Flexibilität und dafür, daß er es meistens auf sich nahm, die Entfernung zwischen zwei Küsten zu überbrücken. Unserem Redakteur bei Crown, Brand Aymar, gilt unser tiefer Dank für die Unterstützung der Idee, eine Gegenüberstellung der Kommentare beider Autoren zu realisieren, und dafür, daß er das Projekt in allen Phasen so engagiert betreut hat.

Schließlich möchte ich meinem Mann Kevin Schafer eine Entschuldigung aussprechen. Er gab Seattle für New York auf in der Annahme, es sei nur für ein Jahr, wobei seine »Gefangenschaft« dann doch um ein weiteres Jahr verlängert wurde. Er hat mich und das Projekt großzügig unterstützt, sowohl finanziell als auch emotionell, und wertvolle Kritik und Rat beigesteuert. Dieses Buch gehört daher teilweise auch ihm.

VORWORT

Beim Verfassen dieses Buches sind wir als Autoren von verschiedenen Voraussetzungen ausgegangen, die wir vorab erläutern möchten.

Wir setzen erstens voraus, daß die Kleinbild-Spiegelreflexkamera heute sowohl bei Amateuren als auch Berufsfotografen besonders verbreitet ist. Sie ist transportabel, in ihrem Preis-Leistungs-Verhältnis unübertroffen und bietet eine so große Objektivvielfalt, daß die meisten veröffentlichten Fotos damit entstehen. Wir haben daher alle Mittel- und Großformatkameras bei unseren Betrachtungen außer acht gelassen. Deshalb beziehen sich auch unsere Gestaltungsdiskussionen auf das rechteckige, vom Kleinbild erzeugte Format.

Zweitens setzen wir voraus, daß sich technische Informationen über Kamera, Objektive, Stative, Verschlußzeiten und Blenden aus zwei Quellen ableiten lassen: zum einen aus der eigenen Erfahrung und durch den Umgang mit den Kameras, zum anderen aus einigen guten Technikbüchern, da es hier speziell um Naturfotografie geht. Einige dieser Bücher sind in der Bibliographie im Anhang aufgelistet.

Die dritte Voraussetzung steht in Zusammenhang mit der zweiten. Wir wollten die Grundlagen der Gestaltung auf eine nichttechnische Weise diskutieren. Die Prinzipien guter Komposition leiten sich aus der Kunst ab und gelten deshalb weitgehend für alle grafischen Medien, von denen Fotografie nur eines ist. Diese Grundlagen sind allgemeingültig; obwohl sie hier anhand von Naturaufnahmen erörtert werden, gelten sie grundsätzlich auch für alle anderen fotografischen Themen wie Architektur, Stilleben, Menschen und Werbung.

Der Leser möge uns verzeihen, wenn wir das Pronomen »er« für »den« Fotografen und »die« Fotografin benutzen. Leider hat dafür noch niemand ein Patentrezept gefunden. »Es« zu schreiben ist ebenso unglücklich. Jedes Jahr kommen auf dem Gebiet der Naturfotografie talentierte Frauen hinzu. Das ist erfrischend, und wir begrüßen diesen Trend. Viele Jahre lang wurde der Beruf von Männern dominiert, wahrscheinlich wegen der physischen Erfordernisse, schwere Ausrüstungen tragen zu müssen. Wir möchten auf keinen Fall als sexistisch gelten, doch waren wir der Meinung, daß es eher nervig wäre, im Buch ständig von »er/sie« zu sprechen.

Schließlich hoffen wir, daß jeder auf seine Weise von dem Buch profitiert, gleichgültig, ob der Leser Anfänger oder ambitionierter Hobbyfotograf ist.

OLYMPUS

EINFÜHRUNG

Sehen

Wenn ich dieses Buch mit einem Wort charakterisieren sollte, würde ich sagen, es handelt vom Sehen. Sehen ist etwas, das für uns alle unbewußt abläuft, so wie Atmen. In gewissem Sinne sehen wir alle gleich. Wir besitzen zwei Augen mit einer Netzhaut aus Stäbchen, Zapfen und einem Sehzentrum in der Großhirnrinde. Wir sind mit ein paar Zentimetern Unterschied gleich groß und sehen so die Welt aus einer ähnlichen Perspektive.

In einem anderen Sinne sehen zwei Menschen jedoch nie wirklich gleich. Selbst wenn wir nebeneinander stehen, sehen wir nicht nur mit unseren Augen, sondern auch mit unserem Gefühl. Wir *interpretieren* und *selektieren*. Alles, was wir sehen, ist durch unsere Erfahrung, unsere emotionelle Reaktion, unsere Vorurteile und Vorlieben gefiltert. Während Sie und ich also die gleiche Szene betrachten, sehen wir doch verschiedene Bilder darin.

Um ein Foto zu visualisieren und so einen Teil der Landschaft in Ihrer Wahrnehmung zu isolieren, müssen Sie gewissermaßen Ihre Sinne fokussieren. Ihr Gehirn wird zum Sucher, der die Szene abtastet und daraus einen Ausschnitt wählt, der eine überzeugende Komposition ergibt.

Der frühere *Life*-Fotograf Andreas Feininger schrieb dazu einmal: »Egal, wie sehr die Meinungen von Fotografen über bestimmte Aspekte der Gestaltung auseinandergehen, in einem Punkt stimmen sie doch überein: Ein wohlkomponiertes Foto ist wirkungsvoller und hinterläßt einen stärkeren Eindruck als ein schlecht komponiertes … Der Zweck der Gestaltung ist, die Wirkung eines Bildes zu steigern.«

Am Beispiel von Art Wolfes Fotos haben wir Bilder zum Vergleich gegenübergestellt, um zu zeigen, warum eines einen stärkeren Eindruck hinterläßt als das andere. Ohne dabei zu technisch werden zu wollen, werden wir sie von verschiedenen Standpunkten aus bewerten. Art als der Fotograf erklärt dabei die kreativen Entscheidungen, die er beim Fotografieren trifft. Ich dagegen, basierend auf meiner Tätigkeit von 1978 bis 1990 als Bildredakteurin bei der Zeitschrift *Audubon* und Leiterin von Fotoworkshops, werde meine persönliche Betrachtungsweise im Hinblick auf die künstlerische Aussage jedes einzelnen Bildes erläutern und wie das Bild auf ein breiteres Publikum wirkt.

Wir hoffen, daß das sowohl Vergnügen bereitet als auch Provokation hervorruft. Es gibt keine »beste« Methode, etwas zu fotografieren. Wir werden unterschiedlicher Meinung sein, warum ein Bild wirkt und wie es wirkt, und Sie werden nicht immer mit unserer Bewertung übereinstimmen. Wir hoffen jedoch, daß Ihnen unsere Beurteilung dabei hilft, Ihre eigenen Arbeiten und die anderer Fotografen besser einzuschätzen, und Sie im Idealfall dazu veranlaßt, auf eine neue Weise durch Ihren Sucher zu schauen.

Das besondere Foto

Audubon war die Naturzeitschrift, die Fotografie wirklich als solche präsentierte. Aus diesem Grund wurden wir mit Einsendungen überhäuft, und 13 Jahre lang habe ich mir jede einzelne angesehen. Ich wußte nie, wann ich etwas Wundervolles und Neues entdecken würde, was in diesem Job wohl am meisten befriedigt. Ich muß mir über die Jahre hinweg mehrere Millionen Fotos angesehen haben, doch bestenfalls ein Viertelprozent davon brachte es bis zur Veröffentlichung.

Ich wurde oft gefragt: »Wonach suchen Sie in einem Foto?« Neben den offensichtlichen technischen Aspekten wie Schärfe, Farbsättigung und guter Komposition hoffte ich immer eine zusätzliche künstlerische Komponente zu finden – eine Besonderheit, die mich dazu zwang, das Bild noch einmal zu betrachten.

Der Künstler James McNeill Whistler schrieb einmal: »Wir betrachten ein Gemälde, um den Maler kennenzulernen. Uns interessiert mehr seine Persönlichkeit als seine Fähigkeit.« Fotografie ist da nicht anders. Wenn wir ein Bild anschauen, stellen wir uns gerne vor, wir wären der Fotograf. Wir wollen fühlen, was er fühlte, sehen, was er sah, um daraus um eine Erfahrung reicher zu werden.

20 Menschen können die gleiche Landschaft betrachten und zu 20 verschiedenen Fotos davon kommen. Einige dieser Fotos werden zwangsläufig eindrucksvoller sein als andere. Doch während es kein Patentrezept gibt, ein bestimmtes Motiv zu fotografieren, so gibt es doch gewisse Methoden, es künstlerischer zu interpretieren.

Art Wolfe besuchte mich im Herbst 1979 zum ersten Mal. Ich war im Mai 1978 Bildredakteurin geworden. Er hatte ein Portfolio mit Aufnahmen des pazifischen Nordwestens bei sich und ein Buch mit seinen Fotos von indianischem Flechtwerk, das gerade erschienen war. Er hatte sowohl ein außergewöhnliches Auge für Kompositionen als auch ein Gefühl für Licht.

Ich war immer auf der Suche nach kompletten Bildgeschichten. Wir präsentierten nach Möglichkeit in jeder Ausgabe eine Bildgeschichte, wenn wir Platz dafür hatten. Diese Portfolios waren neben unseren Titelbildern äußerst schwierig zu finden. Arts Fotos der Olympic Peninsula waren zweifellos geeignet für ein solches Portfolio. Wir planten es für die nächste Ausgabe, das heißt für die Juli-Ausgabe 1980, ein, da wir ein halbes bis ein ganzes Jahr im voraus planten. Wir nannten die Geschichte »Der wildeste Strand«. Es war der Anfang einer langen und fruchtbaren Zusammenarbeit.

Das Befriedigendste an der Tätigkeit als Bildredakteur war das Aufspüren neuer Talente. Da sich der größte Teil der Arbeit am Telefon abspielte, konnte es sein, daß man Jahre mit Hunderten von Fotografen zu tun hatte, ohne sie je gesehen zu haben. Im Laufe der Zeit lernte ich nur einen kleinen Prozentsatz der Fotografen kennen, mit denen wir zusammenarbeiteten.

Art und ich hatten beide ein Studium in bildender Kunst absolviert. Bevor er Profifotograf wurde, hatte er als Kunstlehrer und Maler gearbeitet. Ich war Grafikerin und schrieb und referierte über die Darstellung von Tieren in freier Wildbahn. Wir beide gaben Workshops über Naturfotografie. Jeder von uns fühlte, daß das Element der Komposition beim Fotografieren am häufigsten vernachlässigt wurde, und wir beschlossen 1989, dieses Buch zusammen zu verfassen.

Vom Chaos zur Ordnung

Die Elemente, die ein gutes Bild ausmachen, sind grundsätzlich die gleichen in der Fotografie wie in der Kunst – mit einem wesentlichen Unterschied. Ein Künstler hat zunächst ein weißes Blatt Papier oder eine leere Leinwand vor sich und muß das gesamte Bild durch Zusammenfügen der einzelnen Elemente – Linien, Farbe, Raum, Perspektive – kreieren, all dies muß er selbst erzeugen. Für den Fotografen sind diese Komponenten bereits im Sucher vorhanden, er muß grundsätzlich das eliminieren, was seiner Meinung nach ablenkt und überflüssig ist.

Gute Fotografie heißt also Entscheidungen treffen. Das ist kein passiver Vorgang. Das Auge muß lernen, das Wichtige zu erkennen und in ein aussagekräftiges Arrangement umzusetzen. Anfangs erscheint die Natur dabei möglicherweise als zufällig und chaotisch. Unser Gehirn muß Ordnung in dieses Chaos bringen, Zusammenhänge zwischen Dingen herstellen, damit sie verstanden werden. Wenn wir etwas betrachten, konzentrieren wir uns unbewußt auf bestimmte Aspekte und ignorieren andere: Wir filtern alles über unsere Erfahrungen und Gefühle.

Die Kamera nimmt solche Bewertungen nicht vor. Sie erfaßt alles, was sie registriert. Es ist daher die Aufgabe des Fotografen, die Wahrnehmung der Kamera zu lenken und jene Elemente zu selektieren, die auf den Film gelangen sollen. Wenn ein Fotograf weiß, worauf es bei einer guten Komposition ankommt, kann er die Wirkung seiner Aussage, die er mit dem Bild machen möchte, steigern. Freeman Patterson hat dies wundervoll ausgedrückt, als er schrieb: »Die Kamera zeigt immer zwei Wege. Indem Sie dem Motiv zu Ausdruck verhelfen, drücken Sie sich selbst aus.«

In einer guten Komposition hat man das sichere Gefühl, daß nichts dem Bild hinzugefügt oder von ihm weggenommen werden kann. Dieses Gefühl der Vollständigkeit, der Ausgewogenheit, ist der Schlüssel. Balance muß jedoch nicht gleichbedeutend sein mit Symmetrie. Auch eine asymmetrische Gestaltung kann ausgewogen sein. Wir werden diese Grundlagen von Kapitel zu Kapitel erforschen. Wir werden darüber sprechen, wo man das Hauptmotiv plaziert, wie es in den Vordergrund gerückt wird, wie es mit den anderen Elementen innerhalb des Bildausschnitts korrespondiert und welche Möglichkeiten Ihnen zur Verfügung stehen, zu einem ausdrucksstärkeren Bild zu kommen. Es gibt einige Richtlinien, denen man folgen kann, doch keine davon ist absolut; sie müssen nicht ständig angewandt werden.

OBEN UND UNTEN: *Abgestorbene Kiefer, Yellowstone National Park, Wyoming.* Zoomobjektiv 200–400 mm in 400-mm-Stellung, Blende 11, 1/15 Sek., Fujichrome 50

UNTEN RECHTS: *Abgestorbene Kiefer, Yellowstone National Park, Wyoming.* Zoomobjektiv 200–400 mm in 400-mm-Stellung, Blende 11, 1/15 Sek., Fujichrome 50

AW Im ersten Foto hebt sich der Baum als Silhouette vor einem viel helleren rosafarbenen Himmel ab. Im zweiten Bild steht er vor einem Teil der Wolke, die in ihrem Tonwert näher an dem des Baums ist, doch die Komposition ist noch nicht perfekt. Im dritten Foto ist die Wolke jetzt in völliger Balance zu dem Tonwert des abgestorbenen Baums. Ich habe dabei den Baum anders plaziert, um alle vier Ecken des Ausschnitts auszufüllen. Aus meiner Sicht ist so das harmonischste Bild entstanden.

MH Wir sprechen hier über sehr feine Unterscheidungen. Viele Menschen werden das erste Bild aufgrund des leuchtenden pinkfarbenen Himmels dem dritten vorziehen. Das ist eindeutig eine Frage des persönlichen Geschmacks.

Was mich an dem dritten Foto so anspricht, ist die ätherische Lichtstimmung. Die Farben im Hintergrund verlaufen sehr subtil von Pink über Lavendel zu Blau in einer gleichmäßigen Abstufung, was in meinen Augen Harmonie und Balance vermittelt. Die lineare Anordnung der Äste etwas aus der Bildmitte heraus sorgt für eine gewisse Unausgewogenheit im positiven Sinne.

Auch die räumliche Tiefe ist ätherisch. Wie bei einem orientalischen Gemälde ist das Gefühl des dreidimensionalen Raums gegenwärtig, da der hellere Ton des Baums ihn vor den Hintergrund stellt. Die Äste reichen bis zu den Kanten des Bildes, was ebenfalls dafür sorgt, daß der Baum in der vorderen Ebene vor dem Bildraum steht. Für mich ist diese dritte Version *shibui*, was im Japanischen so etwas wie eine untertriebene, ausgeprägt feine Eleganz beschreibt.

Spiegelung, Wollgras am Seerand, Denali National Park, Alaska. Zoomobjektiv 80–200 mm in 80-mm-Stellung, Blende 16, 1/2 Sek., Fujichrome Velvia

Springender Adéliepinguin, Antarktis. Objektiv 2,8/300 mm, Blende 8, 1/250 Sek., Kodachrome 64

AW In dieser Serie von drei Fotos sehen Sie zunächst das Bild von Wollgras in Alaska. Ich strebte eine vollständige Komposition an, die alle vier Ecken des Bildausschnitts ausfüllt. Der Schnee reflektiert eine Menge Licht, so daß ich die Adéliepinguine mit 1/250 Sek. aufnehmen konnte. Die Bewegung des springenden Vogels ließ sich mit dieser kurzen Verschlußzeit gut einfangen. In dem dritten Bild folgt das Auge dem Baumschatten, der sich über den Felsen ausbreitet und ebenfalls den Bildraum innerhalb des Ausschnitts ausfüllt.

MH Was Art das Ausfüllen der vier Bildecken nennt, könnte man auch als Arbeiten innerhalb des Raums bezeichnen, der durch das Rechteck des Suchers vorgegeben wird.

In dem Foto vom Wollgras erhält das Bild seine Dynamik durch die starke diagonale Linie des Schattens. Dennoch ist es ruhig und subtil, eine Balance von weichen, weißen Grasbüscheln auf der einen Seite, auf der anderen Seite von den pastellfarbenen Reflexen der sonnenbeschienenen Wolken. Das Zusammenspiel von Licht, Linien, Strukturen und Farbe erinnert fast an ein impressionistisches Gemälde. Auch dieses Bild würde ich als *shibui* bezeichnen.

Die Pinguin-Aufnahme ist eine meiner Favoriten. Sie hat Humor, Ausdruck, ein Gefühl für Raum und Dramatik. Die starke, dunkle Diagonale führt uns unmittelbar zu dem wichtigsten Pinguin. Mitten im Sprung eingefangen, bringt er uns dazu, über die Gefahren nachzudenken, denen er sich Tag für Tag aussetzen muß. Die Tatsache, daß er wie ein komischer kleiner Mensch aussieht, bringt uns zum Schmunzeln, doch wir ertappen uns dabei, wie wir hoffen, daß er sicher die andere Seite erreicht.

Das letzte Bild, der Baumschatten auf dem Felsbrokken, ist brillant in seiner Idee – wir haben einen Baum vor uns, ohne ihn zu sehen. Mir gefällt diese visuelle Zweideutigkeit, bei der sich Illusion und Realität kreuzen. Der Schatten ist unübersehbar, noch imposanter als der Baum selbst und sieht fast wie ein tiefer Einschnitt in dem Felsen aus. Alles an diesem Bild ist kühn, von seinem Konzept über seine Gestaltung bis zu seinen intensiven Komplementärfarben Orange und Blau. Der Einsatz des 20-mm-Weitwinkels unterstreicht den dynamischen Eindruck.

Schatten auf einem Felsen, Devil's Marbles, Nördliches Territorium, Australien.
20-mm-Objektiv, Blende 16, 1/15 Sek., Fujichrome 50

1

DAS HERAUSARBEITEN DES MOTIVS

Die erste Entscheidung, die Sie treffen müssen, ist, *was* Sie überhaupt fotografieren möchten. Dabei lassen Sie sich am besten davon leiten, was Ihnen gefällt. Wenn ich mir Portfolios von Fotografen ansah, konnte ich immer mit Bestimmtheit sagen, welche Motive der Fotograf besonders gern fotografiert hat. Es waren ganz einfach seine besten Arbeiten.

Während es noch leicht ist, ein Motiv zu finden, ist es schon schwieriger, dies auch vorteilhaft und eindrucksvoll darzustellen. Wenn uns etwas ins Auge springt, ist unser erster Impuls immer der, die Kamera spontan hochzunehmen, das Motiv anzuvisieren und es dabei in der Suchermitte zu plazieren. Wenn dann der Film aus dem Labor zurückkommt, sind wir oft genug enttäuscht und fragen uns selbst, warum wir dieses Foto überhaupt aufgenommen haben.

Prägen Sie sich die Regel ein, daß Einfachheit die deutlichste Form der Bildaussage ist. Der Romanautor und Kritiker Henry James schrieb: »In der Kunst liegt Schönheit immer in der Sparsamkeit.« Bei der Zeitschrift *Audubon* pflegten wir unseren Autoren und Fotografen im Spaß immer zu sagen, daß wir Redakteure das Wahrnehmungsvermögen von Fünfjährigen hätten. Das sollte besagen: Seid freiweg und direkt in eurer Darstellung. Wenn ihr unser Interesse nicht auf Anhieb fesselt, wie können wir dann von unseren Lesern erwarten, daß sie sich angesprochen fühlen? Visuelle und verbale Kommunikation muß also direkt sein.

In seinem Buch *Kompositionskurs* beschreibt Andreas Feininger das »Isolieren« eines Motivs. Die Kamera ist völlig objektiv und registriert alles, was im Sucher zu sehen ist. Viele Fotos sind deshalb enttäuschend, weil visuell zuviel in ihnen passiert.

Wenn Art Wolfe draußen unterwegs ist und nach möglichen Motiven Ausschau hält, arbeiten seine Augen wie Radarantennen. Doch wenn er etwas Interessantes entdeckt hat, trifft er sofort kreative Entscheidungen. Wie ist mein Standpunkt? Welche Brennweite will ich einsetzen? Wie groß soll das Motiv innerhalb des Bildausschnitts sein? Aus welcher Richtung kommt das Licht? Was spielt sich im Hintergrund ab, was im Vordergrund?

Bei einer Landschaftsszene geht gewöhnlich im Sucher eine Menge vor sich. Künstler, die draußen zeichnen oder malen, nehmen oft eine Kartonmaske mit einem rechteckigen Ausschnitt mit. Indem man diese Maske vor das Auge hält, läßt sich die Landschaft in verschiedene Ausschnitte aufteilen, die eine jeweils wirkungsvolle Komposition ergeben.

Dieses Hilfsmittel kann auch für einen Fotografen von großem Nutzen sein, der Schwierigkeiten damit hat, sich ein Motiv abstrakt mit unterschiedlichen Brennweiten vorzustellen. Je näher Sie die Suchermaske vor das Auge halten, desto mehr entspricht der Ausschnitt einem Weitwinkelobjektiv. Mit zunehmender Entfernung verändert sich die Wirkung immer mehr zu einem Teleobjektiv.

Isolieren des Motivs ist der erste Schritt zu einer stärkeren Komposition. Dies läßt sich durch verschiedene Methoden erreichen – durch kürzeren Aufnahmeabstand, Neigen der Kamera nach unten oder nach oben, Verändern der Richtung, aus der das Licht auf das Motiv fällt, das Wählen einer anderen Tageszeit, Verwischen oder Einfrieren von Bewegungen, Einsatz selektiver Schärfe zum Freistellen des Motivs, durch Plazieren eines hellen Objekts vor einem dunklen Hintergrund. All dies sind mögliche kreative Lösungen. Wir werden uns damit in späteren Kapiteln beschäftigen.

Das Herausarbeiten Ihrer emotionellen Reaktion auf ein Motiv kann komplizierter sein und mehr Zeit und Übung beanspruchen, doch dies ist ein wichtiger Prozeß für einen Künstler. Wenn Sie analysieren können, warum Sie sich veranlaßt fühlen, ein bestimmtes Foto zu machen, und daran arbeiten, dieses Gefühl klar auszudrücken, steigen die Chancen, daß der Betrachter ebenso reagiert und ein Bild intensiv wahrnimmt.

Objektive und ihre Wirkung

AW Eine der wichtigsten Entscheidungen, mit denen der Fotograf draußen in der Natur konfrontiert wird, ist die fotografische Umsetzung des Motivs, das er als interessant erachtet. Oft stellt sich dabei die Frage, welches Objektiv eingesetzt wird oder welcher Bildwinkel vorteilhaft ist. Als ich durch ein Feld von Felsbrocken in den kanadischen Rocky Mountains ging, bemerkte ich die korallenartigen Flechten auf einem Granitblock. Ich wählte mein 55-mm-Makroobjektiv, baute das Stativ einen halben Meter vor dem Felsen auf und begann zu fotografieren. Wenn Sie dieses Bild betrachten, sehen Sie, wie die Flechte in der Bildmitte inmitten der anderen Flechten untergeht und die unscharfe Felsfläche im Hintergrund ebenfalls ablenkt.

Worauf es mir ankam, waren aber eigentlich die Flechten in der Bildmitte. Bei der zweiten Aufnahme ging ich deshalb etwas näher heran, etwa auf 30 Zentimeter. Nun nimmt die Flechte allmählich die Form einer Koralle an und tritt innerhalb der Komposition deutlich hervor. Ich hatte aber immer noch die Vorstellung, sie völlig abstrakt darzustellen.

Bei der letzten Aufnahme ging ich bis auf wenige Zentimeter heran und wählte sorgfältig den Bildausschnitt, um ein besonders starkes Muster zu finden. Nun sieht es nicht mehr wie Flechten auf einem Felsen aus, sondern mehr wie die abstrakte Komposition geschwungener Hügel oder was Sie sonst darin sehen möchten. Es ist sehr zweidimensional, und der Betrachter weiß genau – ob er nun diese Art von Bildern mag oder nicht –, worauf es mir bei diesem letzten Foto ankam.

MH Hier ist die Isolierung des Motivs vollkommen. Makroobjektive eröffnen völlig neue Welten und erlauben uns, das Bekannte und Alltägliche auf ungewöhnliche Weise zu erfahren. Edward Weston zeigte dies schon vor Jahren mit seinen schwarzweißen Nahaufnahmen von Lebensmitteln. Sie waren ausgesprochen sinnlich und erinnerten in ihren Linien, Kurven und Formen an Aktdarstellungen des menschlichen Körpers. Ebenso erscheinen Imogen Cunninghams Nahaufnahmen von Lilien außerordentlich erotisch, so wie Georgia O'Keeffes Gemälde von Blumenteilen.

Das Makroobjektiv bringt uns unmittelbar und dicht mit dem Motiv in Berührung. In seiner nahen Betrachtung wird das Motiv zunehmend abstrakter und von seiner ursprünglichen Identität losgelöst. Ob wir dabei die Korallenform wie Art sehen, ist weder entscheidend noch erforderlich.

Flechten auf einem Felsen, Jasper National Park, Alberta, Kanada.
55-mm-Makroobjektiv, Blende 16, 1 Sek., Fujichrome Velvia

Flechten auf einem Felsen, Jasper National Park, Alberta, Kanada.
55-mm-Makroobjektiv in Nahstellung, Blende 16, 1 Sek., Fujichrome Velvia

Flechten auf einem Felsen, Jasper National Park, Alberta, Kanada.
55-mm-Makroobjektiv bei vollem Auszug, Blende 16, 1 Sek., Fujichrome Velvia

Erlen am Elwha, Olympic National Park, Washington. 80-mm-Objektiv, Blende 16, 1/8 Sek., Fujichrome Velvia

AW In dieser Sequenz sehen wir eine immer dichter werdende Komposition. Die erste Aufnahme zeigt, was ich wahrnahm, als ich einen Weg in den westlichen Olympic Mountains hinauffuhr. Was mein Interesse weckte, waren die weißen Erlen Anfang des Frühlings. Ich nahm diese Szene mit meinem 80-mm-Objektiv auf. Die Gestaltung ist miserabel, sie enthält viel zu viele Details. Besonders unruhige Elemente sind der helle Himmel, die Bäume rechts und die mit Stämmen übersäte Uferlinie im Vordergrund. All dies lenkt stark von dem ab, worauf es mir ankam.

Die zweite Aufnahme entstand mit 200 mm Brennweite, und obwohl einige der unruhigen Elemente dadurch eliminiert wurden, stellte sich immer noch nicht die Wirkung ein, die ich erzielen wollte. Das letzte Foto wurde mit einem 400-mm-Objektiv aufgenommen. Ich bin jetzt ganz dicht an den Baumstämmen, und nichts konkurriert mit den filigranen Stämmen und Ästen. Die feine Detailzeichnung hätte sich an einem hellen, sonnigen Tag jedoch nicht erreichen lassen. Das gleichmäßige, weiche Licht des bedeckten Himmels sorgte für eine einheitliche Lichtwirkung ohne helle Spitzlichter und dunkle Schatten. Hätte ich dieses Foto mittags bei sonnigem Licht aufgenommen, hätten die Stämme Schatten auf die anderen geworfen, wodurch das Bild in dunkle und helle Flecken zergliedert und der Film überfordert worden wäre. (Wir werden uns mit Filmeigenschaften im Kapitel Licht befassen.)

MH Hier haben wir es mit einem klassischen Dilemma zu tun, mit dem die meisten Fotografen bei Landschaftsaufnahmen konfrontiert werden – aber auch mit einem Beispiel, wie man Ordnung in ein Chaos bringen kann. Wenn Sie keine Möglichkeit haben, sich einen neuen Standpunkt zu suchen, müssen Sie eine Alternative finden, um das auszusagen, was Sie im Foto ausdrücken wollen. Durch Heranzoomen der Baumstämme, wie Art es hier getan hat, kommen Sie zu einem Bild, das die Baumstämme ohne das verwirrende Umfeld zeigt.

Wir verwendeten auf dem Titel von *Audubon* im März 1985 ein Bild, das diesem Foto von Arts Erlen ziemlich ähnlich ist. Es war eine subtile Studie von Linien und Tönen, ebenfalls bei weichem Licht aufgenommen. Bäume haben ihren eigenen Charakter. Bei Espen denkt man an Blätter, z. B. »zittern wie Espenlaub«. Was jedoch das Titelbild so ungewöhnlich machte, war, daß die geraden, schlanken, weißen Stämme dicht zusammengedrängt standen.

LINKS:
Erlen am Elwha, Olympic National Park, Washington. Zoomobjektiv 80–200 mm, Blende 16, 1/15 Sek., Fujichrome Velvia

UNTEN:
Erlen am Elwha, Olympic National Park, Washington. 560 mm Brennweite (Zoomobjektiv 200–400 mm in 400-mm-Stellung plus 1,4fach-Konverter), Blende 16, 1/8 Sek., Fujichrome Velvia

RECHTS: *Ahornblatt in einem Teich, Olympic National Forest, Washington.* 50-mm-Objektiv, Blende 5,6, 1/30 Sek., Kodachrome 64

GANZ RECHTS: *Ahornblatt in einem Teich, Olympic National Forest, Washington.* Objektiv 2,8/135 mm, Blende 5,6, 1/30 Sek., Kodachrome 64

Ablenkendes ausschalten

AW In dieser dritten Bildserie habe ich einige Ahornblätter fotografiert, die auf einem kleinen See auf der Olympic Peninsula trieben. Im ersten Bild, aufgenommen mit einem 50-mm-Objektiv, verwirren den Betrachter viele Elemente – die unscharfen Gräser im Vordergrund, die Blätter unterhalb der Oberfläche und die Schilfbüschel oben im Bild. Vielleicht fragen Sie sich bei diesem Bild: »Was hat Art da versucht zu fotografieren?«

Beim zweiten Foto habe ich zum 135-mm-Tele gewechselt und damit mein Motiv scharf abgegrenzt. Hier geht es mir offensichtlich um die schwimmenden Blätter, doch immer noch gibt es viele störende Elemente. Einige Blätter sind unscharf, und mein Auge wandert immer noch umher und versucht, eine gewisse Ordnung in das Ganze zu bringen.

Bei der dritten Aufnahme ist der Bildinhalt durch Konzentration auf ein einziges Blatt vereinfacht. Um trotzdem ein Gefühl von Räumlichkeit aufrechtzuerhalten, habe ich eine Andeutung von Spiegelungen des Schilfs einbezogen. Das endgültige Foto hat immer noch die gleichen Elemente wie das erste, ist jedoch in seiner Aussage bedeutend klarer und stärker.

MH Obwohl ich die Komposition des zweiten Bildes wegen seiner geringen Schärfentiefe sehr mag, müßte ich es für eine Veröffentlichung ablehnen. Wenn die vordere Kante des größten Blattes scharf wäre, könnte man es drucken, wobei ich außerdem die hellen Flecken am oberen Rand beschneiden würde.

Die letzte Version ist zweifellos die beste, zum Teil wegen ihrer Einfachheit, aber auch, weil ein subtiles Zusammenspiel der Elemente in dem Bild abläuft. Visuell gesehen ist es keine Frage, daß das Blatt auf dem Wasser schwimmt. Als helles Objekt steht es vor dem dunkleren Hintergrund. Art hat das Blatt außerdem oben im Bild plaziert, so daß es innerhalb des hochformatigen Bildraums treibt. Dennoch wird es durch den intensiven dunklen Raum oben am Rand unten gehalten. Vom unteren Rand her halten die sanft geschwungenen Spiegelungen des Schilfs das Blatt oben und innerhalb des Bildausschnitts.

Die Reflexe der Gräser liefern eine gewisse Bewegung, die uns daran erinnert, daß das Blatt nicht eingefroren ist. Es ist dem Fließen des Wassers und dem Wind ausgesetzt. Ohne dem wäre das Bild statisch. Die dunkle Schattenlinie des Grases teilt das Bild sanft entlang einer diagonalen Linie, die dem Bild eine gewisse Dynamik gibt und die Illusion von Bewegung verstärkt.

Ahornblatt in einem Teich, Olympic National Forest, Washington. Objektiv 2,8/ 135 mm, Blende 5,6, 1/30 Sek., Kodachrome 64

OBEN LINKS: *Blühende Kastillea, Banff National Park, Alberta, Kanada.*
55-mm-Makroobjektiv, Blende 5,6, 1/60 Sek., Fujichrome Velvia

OBEN RECHTS: *Blühende Kastillea, Banff National Park, Alberta, Kanada.*
55-mm-Makroobjektiv, Blende 11, 1/15 Sek., Fujichrome Velvia

AW Hier haben wir den Vergleich von blühenden Kastillea in den kanadischen Rocky Mountains. Im Foto rechts wurde ich durch die harte, weiße Linie eines abgestorbenen Astes von dem sanften Grün der Pflanzen abgelenkt. Beim Fotografieren passiert es oft, daß man sich so sehr auf das Motiv konzentriert, daß man ablenkende und die Gestaltung beeinträchtigende Elemente gar nicht wahrnimmt. Sie sehen hier, daß ich ganz einfach durch Entfernen des Astes für das zweite Foto eine eindeutige Verbesserung des Bildes erreicht habe. Die Benutzung der Abblendtaste vor dem Auslösen läßt solche Störfaktoren leichter erkennen.

MH Dies ist ein allgemeines Problem, das viele Fotografen haben: Sie übersehen oft kleine Details in dem Bild, die auf einmal stark sichtbar werden, wenn sich das Bild von dem gesehenen dreidimensionalen Erlebnis in ein zweidimensionales Dia verwandelt. Eine einzige weiße Linie kann das Auge vom eigentlichen Hauptmotiv ablenken. Wie wir bei dem schwimmenden Blatt gesehen haben, neigen helle Elemente dazu, hervorzutreten, dunkle Elemente dagegen, zurückzutreten. Wenn ein Element im Hintergrund heller ist als das Motiv selbst, erregt es die Aufmerksamkeit des Betrachters und tritt in Konkurrenz mit dem Bildwichtigen.

AW Ablenkende Elemente sind ein häufig anzutreffendes Problem, die den Erfolg eines Bildes beeinträchtigen können. Oft ist der scharf abgebildete Hintergrund das Element, das vom Hauptmotiv ablenkt. Die meisten hochwertigen Kleinbild-Spiegelreflexkameras besitzen eine Abblendtaste, die viele Fotografen entweder ignorieren oder aber nicht einzusetzen wissen. Sie ist ein unschätzbares Hilfsmittel, um die Schärfenzone je nach Arbeitsblende zu überprüfen. Bei Blende 2,8 etwa ist die Schärfentiefe sehr gering, manchmal nur Zentimeter, je nach Brennweite. Bei Blende 22 dagegen ist die Blendenöffnung winzig und die Schärfentiefe größer.

MH Im ersten Porträt gibt es zu viele ablenkende Linien im Hintergrund, so daß das Geweih nur mit Mühe zu erkennen ist. Wenn es jedoch darum ginge, zu zeigen, wie Rotwild im Wald getarnt ist, wäre der verwirrende Hintergrund geeigneter. Als Hirschporträt ist dagegen das zweite Foto eindeutig klarer und einfacher. Der Hirsch hebt sich deutlich ab, zum Teil, weil der Hintergrund dunkel ist, zum Teil aber auch durch dessen Unschärfe. Dem gekonnten Einsatz der Schärfentiefe kommt große Bedeutung zu. Ich mußte viele Fotos zurückweisen, weil sie störende Elemente im Vorder- und Hintergrund zeigten. Bei Veröffentlichungen kann ein leerer Hintergrund wünschenswert sein, z.B. wenn Schriften in das Bild hineinlaufen sollen. Zeitschriftentitel brauchen fast immer geschlossene helle oder dunkle Flächen für Titelzeilen. Auch in solchen auf den ersten Blick zwar naheliegenden, aber immer wieder übersehenen oder vernachlässigten Grundregeln zeigt sich der erfahrene Fotograf. Routine in solchen Dingen stellt sich durch viel Praxis im Laufe der Zeit ein.

Maultierhirsch, Glacier National Park, Montana. Zoomobjektiv 200–400 mm in 400-mm-Stellung, Blende 8, 1/30 Sek., Fujichrome Velvia

OBEN LINKS: *Maultierhirsch, Glacier National Park, Montana.* Zoomobjektiv 200–400 mm in 400-mm-Stellung, Blende 8, 1/30 Sek., Fujichrome Velvia

2 BILDKOMPOSITION

H. L. Mencken schrieb einmal, daß »die wahre Funktion von Kunst ist, die Natur zu bearbeiten und sie auf diese Weise harmonisch und schön zu machen. Der Künstler ist eine Art leidenschaftlicher Korrekturleser, der die schlechte Rechtschreibung von Gott rot anstreicht.«

Komposition ist die Methode des Fotografen, ein Bild so zu strukturieren, daß es geschlossen und schön wirkt. So wie das Skelett durch seine Muskeln und Sehnen zum Leben erweckt wird, ist Komposition die ungesehene Struktur, die der fotografischen Aussage ihre Stärke gibt. Wenn das Foto stark, lyrisch und klar ist, hat es die Kraft, den Betrachter zu fesseln. So wie das Gehirn für das synchrone Zusammenspiel aller Elemente verantwortlich ist, haucht der Fotograf leblosen Dingen Leben ein. Wenn er das Glück hat, seine eigene Motivation zu verstehen, kann er selbst dokumentarische Fotografie in die Höhen der Kunst erheben.

Welche Eigenschaften unterscheiden nun ein gut komponiertes Bild von einem schlechten Foto? Zunächst muß ein zentrales Interesse vorhanden sein. Das muß natürlich nicht bedeuten, daß das Hauptmotiv in der Bildmitte angeordnet sein muß. Ein schlecht komponiertes Bild erlaubt dem Auge, aus dem Bild zu wandern, oder erzeugt in einer bestimmten Weise ein Gefühl der Unausgewogenheit. Vielleicht ist das Hauptmotiv zu klein, um seine Bedeutung zu vermitteln, oder aber zu groß in Relation zu den anderen Elementen innerhalb des Bildausschnitts.

In seinem Buch über Komposition für Maler schrieb David Friend: »Ein großer Teil der Magie, die ein Gemälde zu einem Kunstwerk macht, liegt in der erfolgreichen Einbindung aller Komponenten zu einer Einheit. Das Zusammenführen der Teile oder Elemente eines Gemäldes ist das kritischste und kniffeligste Problem für jeden Anfänger. Vielleicht beschreibt der Begriff ›Integration‹ die Schwierigkeit besser – Integration aller Bestandteile eines Bildes zu einer Reihe *rhythmischer Beziehungen*, um ein künstlerisches Ganzes daraus zu formen.«

Für Fotografen ist das Problem ein wenig anders. Sie suchen nach der richtigen Kombination von Elementen innerhalb des Suchers. Doch die Integration aller Teile zu einem lyrischen Ganzen ist die gleiche.

Unsere erste Überlegung sollte die sein, wo das Hauptmotiv plaziert wird. Danach besprechen wir seine Beziehung zu den anderen Elementen innerhalb des Bildausschnitts. Behalten Sie im Auge, daß die Plazierung des Hauptmotivs auch Einfluß auf die spätere Verwendung des Fotos hat.

Wenn Sie vorhaben, Fotos zu veröffentlichen, ist die Wahrscheinlichkeit groß, daß riesige Headlines oder Texte in das Bild gesetzt oder manche Fotos extrem beschnitten werden. Grundsätzlich empfiehlt es sich deshalb, etwas »Luft« um das Hauptmotiv zu lassen und den Ausschnitt nicht zu eng zu wählen. *Audubons* Format war ungewöhnlich – ein Querformat. Ich mußte die Fotografen ständig daran erinnern, wichtige Elemente innerhalb ihrer Fotos nicht in der Bildmitte zu plazieren, um sie nicht durch den Bund zu zerschneiden.

Kuh und Pappeln, Hunza-Tal, Pakistan. Zoomobjektiv 200–400 mm in 400-mm-Stellung, Blende 11, 1/15 Sek., Fujichrome Velvia

Format: Hoch- oder Querformat?

AW Es gibt Situationen, in denen Hoch- und Querformate gleichermaßen möglich sind, dessen sollte man sich immer bewußt sein. Als ich zu fotografieren begann, machte ich fast nur Querformataufnahmen und verkaufte deshalb eine Reihe von Fotos nicht. Darauf achte ich heute sehr und mache nach Möglichkeit beides alternativ. Jedes hat seine Berechtigung, sagt jedoch etwas anderes aus. Der erste Vergleich zeigt zwei Aufnahmen von Pappeln im Hunza-Tal in Pakistan. Beim zweiten Vergleich handelt es sich um einen Präriefalken auf einem Kliff, beim dritten um ein Karibu.

MH Im ersten Bildpaar unterstreicht das Hochformat den hohen, schlanken Wuchs der Bäume, während das Querformat mehr das Gefühl von Weite, von Licht und Schatten vermittelt und das Tier auch deutlicher zu sehen ist. Bei dem Vergleich mit dem Präriefalken sind beide Varianten stark. Ich ziehe das Hochformat vor, weil es mir etwas darüber erzählt, wie Falken leben. Man sieht sie fast immer hoch auf dem felsigen Kliff sitzen, wo sie einen ausgezeichneten Überblick

Kuh und Pappeln, Hunza-Tal, Pakistan. Zoomobjektiv 200–400 mm in 400-mm-Stellung, Blende 11, 1/15 Sek., Fujichrome Velvia

haben, denn Höhe ist entscheidend in ihrem Jagdverhalten. Beachten Sie beim Karibu-Vergleich, wie das Spiegelbild des Tieres im Hochformat an Bedeutung gewinnt. Doch bei allen drei Vergleichspaaren ist jedes ein publizierbares Bild.

Atelier-Leiter müssen immer die Möglichkeit zum Beschneiden haben, deshalb ist es für größtmögliche Flexibilität wichtig, sowohl Hoch- als auch Querformate zur Verfügung zu haben. Die meisten Magazintitel brauchen Hochformate und gewöhnlich oben im Foto Platz für den Titel. Wenn Sie Fotos an Redaktionen schicken, sollten Sie beide Varianten einsenden. Auch Kalender und Grußkarten haben meist vorgegebene Formate.

LINKE SEITE OBEN: *Präriefalke, Columbia Plateau, Washington.* Objektiv 5,6/800 mm, Blende 11, 1/15 Sek., Fujichrome Velvia

OBEN LINKS: *Präriefalke, Columbia Plateau, Washington.* Objektiv 5,6/800 mm, Blende 11, 1/15 Sek., Fujichrome Velvia

LINKE SEITE OBEN: *Karibu-Bulle, Denali National Park, Alaska.* Zoomobjektiv 200–400 mm in 200-mm-Stellung, Blende 8, 1/60 Sek., Fujichrome 100

UNTEN LINKS: *Karibu-Bulle, Denali National Park, Alaska.* Zoomobjektiv 200–400 mm in 400-mm-Stellung, Blende 8, 1/60 Sek., Fujichrome 100

Weißwedelhirsch, Columbia River Valley, Washington. Objektiv 2,8/ 300 mm, Blende 8, 1/60 Sek., Kodachrome 64

Weißwedelhirsch, Columbia River Valley, Washington. Objektiv 2,8/300 mm, Blende 8, 1/60 Sek., Kodachrome 64

Anschnitte und Ausschnitte

AW Wie Sie den Bildausschnitt im Sucher festlegen, kann großen Einfluß auf die Wirkung eines Bildes haben. Im rechten Foto habe ich einen unangenehmen Effekt erzeugt. Der Kopf des Tieres sieht fast wie eine ausgestopfte Wandtrophäe aus. Beim linken Foto habe ich durch leichtes Neigen der Kamera und Einbeziehen von einem Teil des Körpers das Problem gelöst.

MH Durch den Sucher zu blicken ist wie das Herausschneiden eines rechteckigen Stückes aus dem Leben. Dadurch, daß Sie gewisse Elemente in den Bildausschnitt einbeziehen, sagen Sie etwas über sie aus und erzeugen eine Balance von Elementen. Wenn diese Elemente in Kontakt mit dem Bildrand treten oder von ihm angeschnitten werden, müssen Sie beurteilen, wie sich das auf die allgemeine Ausgewogenheit auswirkt. Manchmal, wie in dem Vergleich der Hirschporträts, erzeugt ein bestimmter Ausschnitt ein Gefühl des Ungleichgewichts, das sich durch Verändern der Proportionen korrigieren läßt.

Plazieren des Hauptmotivs

AW Es ist ein häufiger Fehler, ein Tier so zu fotografieren, daß es aus dem Bild hinausblickt. Meist läßt sich dies problemlos vermeiden. Bei diesem Motiv gefiel mir der Reiher vor den Mangroven. Ich nahm dieses Foto im Ding Darling National Wildlife Refuge in Florida auf. Ich ziehe jedoch die Balance des

Amerikanischer Graureiher,
Ding Darling National Wildlife Refuge, Florida.
Zoomobjektiv 200–400 mm in 400-mm-Stellung,
Blende 11, 1/8 Sek., Fujichrome Velvia

Amerikanischer Graureiher, Ding Darling National Wildlife Refuge, Florida.
Zoomobjektiv 200–400 mm in 400-mm-Stellung, Blende 11, 1/8 Sek., Fujichrome Velvia

zweiten Fotos vor, bei dem der Vogel in das Bild hineinblickt. Für mein Empfinden wirkt der Vogel im ersten Bild wie in die Ecke gequetscht.

MH Naturfotografen müssen sich nicht nur immer wieder vergegenwärtigen, wie sich ein Tier in seiner Umgebung verhält, sondern auch, wie es sich zum Bildausschnitt verhält. Offenkundig erscheint der Vogel im ersten Foto aus der Balance gerückt und sein Schnabel zu dicht am Bildrand. Die Ausgewogenheit ist im zweiten Foto viel besser, wobei das Hochformat ein besseres Gefühl von Raum und Höhe vermittelt und die Tatsache unterstreicht, daß Reiher große Vögel sind.

Wenn ein Motiv aus dem Bildausschnitt herausschaut, wird eine Blickrichtung vorgegeben. Unser Auge neigt automatisch dazu, in die gleiche Richtung zu blicken. Wenn Sie dadurch zu stark aus dem Bild herausgeführt werden, laufen Sie Gefahr, daß das Interesse des Betrachters verlorengeht.

Viele Menschen meinen, das Hauptmotiv müsse in Richtung Betrachter schauen. Wir gewinnen aber mehr Interesse daran, was in dem Foto vorgeht, gerade weil das Hauptmotiv von uns wegschaut. Wir sind neugierig zu erfahren, was die Aufmerksamkeit des Reihers erregt hat, und sind deshalb auch mehr an seinem Umfeld interessiert.

Motive haben ein visuelles »Gewicht«, d.h. eine bestimmte Bedeutung oder Position innerhalb des Bildausschnitts. Dies mag daher rühren, daß wir gewohnt sind, die Schwerkraft zu spüren. Wir wissen intuitiv, daß Dinge zu Boden fallen. Wenn das Gewicht des Hauptmotivs aus der Balance zu kippen droht, zu hoch, zu tief oder zu dicht am Bildrand plaziert ist, empfinden wir den Effekt als unangenehm.

Dallschaf, Denali National Park, Alaska. Objektiv 2,8/135 mm, Blende 11, 1/30 Sek., Fujichrome 100

AW Bei dem Schaffoto oben hebt sich das weiße Tier stark von den dunklen Herbstfarben ab, so daß unser Auge zuerst auf das Tier fällt, anschließend seinen Körperkonturen folgt und dann in den Bildraum wandert.

MH Da das Bild mehr wie ein Gemälde als wie ein Foto wirkt, finde ich das Bild sehr angenehm zu betrachten. Die Landschaft gleicht einem Wandteppich in reichen Herbstfarben, das Schaf wirkt völlig natürlich und scheint keine Notiz vom Fotografen zu nehmen. Es hebt sich von dem dunklen Berghang ab, und der steile Winkel des Hangs erzählt uns eine Menge über seine Umgebung. Da das Schaf von uns abgewandt steht, fühlen wir uns in diese Welt hineingezogen, tiefer in den Bildraum und in das Tal im Hintergrund.

Wenn Art mir dieses Foto geschickt hätte, als ich noch bei *Audubon* war, hätte ich es für einen Herbsttitel eingeplant. Die Anordnung des Schafes außerhalb der Bildmitte hätte sich hervorragend für unser umlaufendes Einbandfoto geeignet. Beide Bildhälften wirken auch für sich.

Symmetrie kontra Asymmetrie

Bis zur Renaissance war die Komposition in der westlichen Kunst von Symmetrie dominiert. Das Hauptmotiv lag gewöhnlich in der Mitte, wie zum Beispiel in den religiösen Gemälden von Christus oder der Jungfrau Maria. Wenn zusätzliche Personen in dem Gemälde dargestellt waren, wurden diese symmetrisch zur zentralen Figur angeordnet. Der Maler gruppierte sie rechts und links oder gleichgewichtig unterhalb des Hauptmotivs. Heute wählen Maler vorzugsweise asymmetrische Kompositionen. Dies gewährt größere Flexibilität, indem einem Hauptmotiv »visuelles Gewicht« oder Betonung gegeben werden kann.

Rudolf Arnheim, ein Experte in Psychologie in der Kunst, schrieb ein Buch über die Bedeutung von Motiven in der Bildmitte als zentralem Punkt in der Bildkomposition. Vor allem Kreise haben aufgrund ihrer perfekt runden Form besondere visuelle Energie. Ihre Kraft bleibt in ihrer Beziehung zum Umfeld bestehen. Wenn sie nicht sorgfältig mit den anderen Gestaltungselementen im Bild ausbalanciert sind, geht das Auge immer zuerst zu dem Kreis.

Douglasie und Sonne im Nebel, Olympic Peninsula, Washington.
Objektiv 2,8/ 300 mm,
Blende 11, 1/30 Sek.,
Kodachrome 64

Symmetrie ist eine Form der Zentriertheit, ausgerichtet an einer zentralen Linie. Sie erzeugt eine Balance zwischen den beiden Räumen auf beiden Seiten der Linie, eine Gleichwertigkeit, die als Statik bezeichnet wird. Symmetrische Kompositionen führen zu Ruhe und Stabilität, ein Effekt, der zumeist erwünscht sein dürfte.

Wenn man jedoch eine dynamischere Aussage erreichen will, ist eine asymmetrische Komposition das geeignete Mittel. Sie verlagert sofort die Schwerpunkte und steigert das visuelle Gewicht eines Elements gegenüber den anderen. Diese unausgewogene Plazierung erzeugt Spannungen innerhalb des Bildausschnitts. Spannungen, die man auch als visuelle Kräfte in bestimmte Richtungen hin bezeichnen könnte, können störend wirken, wenn sie nicht irgendwie ein Gegengewicht erhalten, durch das Auge und Empfinden des Betrachters auf das Geschehen im Bild fokussiert bleiben.

In Arts Foto der Sonne und des Nadelbaums auf der vorangegangenen Seite wird unser Auge zuerst von der Sonne angezogen. Sie wird jedoch durch die starke pyramidenförmige Kontur des Baumes ausbalanciert. Keines der beiden Elemente dominiert das andere. Trotzdem ist das Foto weit von Statik entfernt. Unser Auge wandert zwischen Sonne und Baum hin und her und genießt den Vergleich zwischen Hell und Dunkel, zwischen Formen und eleganter Einfachheit.

Asymmetrie verlangt danach, daß eine Balance wiederhergestellt wird. Wir scheinen ein inneres Bedürfnis nach Stabilität zu haben. Da wir selbst die Schwerkraft erfahren, erwarten wir, daß alles zu Boden gezogen wird. Dinge, die niedriger im Bildausschnitt angesiedelt sind, scheinen eher der Erde zuzustreben. Große Flächen mit massiven Elemente, die zu hoch im Bildausschnitt plaziert sind, erscheinen unausgewogen, entweder zu schwer oder als ob sie nach oben aus dem Bild herausstreben würden.

Wie wir jedoch in dem Foto von Art mit dem einzelnen Blatt, das hoch oben im Bildausschnitt treibt, gesehen haben, wurde die Balance durch zwei Dinge wiederhergestellt: die nach oben geschwungenen Grasschatten im unteren Bereich und den großen dunklen Bereich oben. Sie stellen die visuelle Ausgewogenheit wieder her und erzeugen eine neue Harmonie.

Es kommt dennoch vor, daß eine Plazierung des Hauptmotivs in der Bildmitte eine kraftvollere Aussage ergibt.

Muster im Sand, White Sands National Monument, Neu-Mexiko.
28-mm-Objektiv, Blende 16, 1/15 Sek., Kodachrome 64

Motive in der Bildmitte

AW Im ersten Foto ist das vom Wind geformte kreisförmige Muster zwar mittig plaziert, wird jedoch auf beiden Seiten durch ebenfalls runde Muster ausbalanciert. Beim zweiten Foto mit dem Mann ist dieser bewußt mitten zwischen den zwei Felsen plaziert, wobei die Felsbrocken auf beiden Seiten das gleiche Gewicht haben. Ich wollte eine abstrakte Aussage erreichen, die ausgewogene Symmetrie durch eine gleichgewichtige Anordnung akzentuieren. Beim dritten Foto mit dem auf mich zukommenden Löwen wollte ich das Tier bewußt mitten im Bild haben, damit sich die Aufmerksamkeit voll darauf konzentriert. Das letzte Foto ist ein Beispiel für abstrakte Gestaltung. Die augenförmigen Flecken auf den Schwanzfedern haben mich zu der Aufnahme inspiriert.

MH Wie das Zentrum einer Zielscheibe zieht ein Motiv in der Bildmitte den Betrachter besonders stark an. Solange es auch das Interessanteste im Bild ist, wie bei dem Löwenfoto, ist dies durchaus angebracht. Die Umgebung ist in diesem Beispiel völlig nebensächlich. Wir werden von dem Blick in die Augen des Löwen, wie er auf uns zukommt und den Eindruck eines großen und gefährlichen Tieres vermittelt, völlig gefesselt.

Bei dem Foto von dem Mann zwischen den Felsen wird die Spannung, die von den beiden starken Formen gebildet wird, durch die zentrale Figur ausbalanciert. Ohne die Person würden die Formen stark an Wirkung verlieren, sie wären lediglich zwei dunkle Brocken.

Im Foto mit den Gräsern links bildet das kreisförmige Muster in der Bildmitte den Schwerpunkt des Interesses. Aufgrund der anderen kreisförmigen Muster auf jeder Seite ist das Bild jedoch nicht statisch, sondern ausgewogen. Die Zahl drei ist eine ungerade Zahl und führt von sich aus zu einer dynamischeren Komposition als sagen wir zwei oder vier, vielleicht deshalb, weil letztere die rechteckige Form des Bildes im Gegensatz zu einer ungeraden Zahl unterstreicht.

Die kühnste Aussage über Symmetrie und die starke Ausstrahlung von Kreisen ist das Bild mit den Fasanenfedern. Es ist kaum möglich, die brillanten, purpurnen Punkte zu ignorieren, da sie die kleineren Punkte der Umgebung völlig dominieren. Positiv dabei ist, daß die beiden Punkte nicht exakt in der Bildmitte plaziert sind. Die Symmetrie liegt nicht in der horizontalen, sondern in der senkrechten Ebene. Dadurch wird das Auge dazu veranlaßt, innerhalb des Bildausschnitts zu wandern.

Silhouette, Devil's Marbles, Nördliches Territorium, Australien.
20-mm-Objektiv, Blende 11, 1/30 Sek., Fujichrome Velvia

Ausgewachsener männlicher Löwe, Ngorongoro-Krater, Tansania. Zoomobjektiv 200–400 mm in 400-mm-Stellung, Blende 5,6, 1/60 Sek., Fujichrome 100

Federn eines Argusfasans.
55-mm-Makroobjektiv plus Blitz, Blende 16, 1/60 Sek., Fujichrome Velvia

Prärieeule, östliches Oregon.
Objektiv 5,6/800 mm, Blende 5,6, 1/30 Sek., Fujichrome 100

Aloe, Hawaii. 55-mm-Makroobjektiv, Blende 16, 1/8 Sek., Fujichrome 100

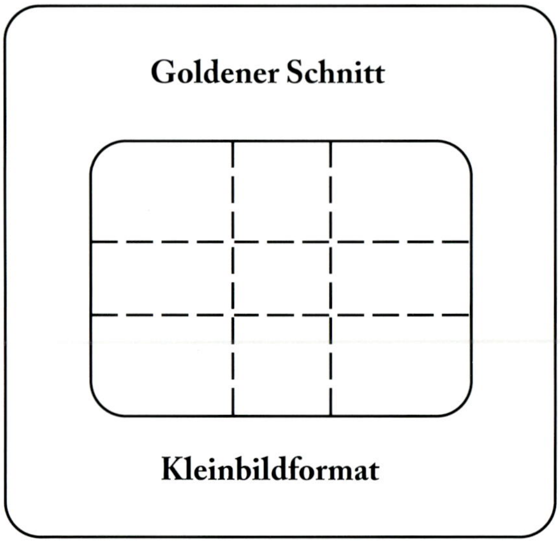

Die Proportionen des Goldenen Schnitts für das Kleinbildformat.
Das Hauptgewicht liegt auf *einem* der Schnittpunkte.

Der Goldene Schnitt

AW In den nächsten vier Beispielen sehen Sie, wie das Hauptmotiv aus der Bildmitte gerückt wurde, um eine dynamischere Komposition zu erzielen.

MH Art gestaltet viele seiner Bilder instinktiv nahe dem idealen Verhältnis, das die Griechen als Goldenen Schnitt bezeichnet haben. Er wurde als perfektes Seitenverhältnis für Skulpturen und die Architektur angesehen und liegt mathematisch dicht beim Verhältnis von 8:5. Für uns als Benutzer des Kleinbildformats 24 x 36 mm bedeutet das eine Einteilung wie im unten abgebildeten Gitter eingezeichnet. Die wesentlichen Elemente eines Fotos sollten daher an den Schnittpunkten der gestrichelten Linien ausgerichtet sein.

Andere Bücher über Fotografie sprechen von der Drittel-Teilung. Die Proportionen sind nicht ganz die gleichen, doch die Idee ist ähnlich. Die Unterteilungen durch die gestrichelten Linien repräsentieren in beiden Fällen kraftvolle »neue« Mittelpunkte des Interesses.

Ob Sie sich an einer der beiden Formeln orientieren oder nicht – sie geben Ihnen die Möglichkeit, asymmetrische Kompositionen mit ansprechenden Proportionen zu erzeugen. Es macht Spaß, daraufhin die eigenen und die Arbeiten anderer zu untersuchen. Versuchen Sie, diese Fotos zu beschneiden und mit den räumlichen Verhältnissen vom Motiv zum Hintergrund und vom Motiv zum Bildrand zu spielen. Sie können dann selbst entscheiden, von welchen Proportionen Sie sich besonders angesprochen fühlen.

Bekanntlich dürfen Regeln auch gebrochen werden. Asymmetrie eröffnet allerdings mehr Möglichkeiten der Gestaltung als Symmetrie. Symmetrie repräsentiert einen formalen, stabilen und statischen Aufbau. Wenn das visuelle Gewicht nicht in der Mitte liegt, öffnet dies die Möglichkeit, Spannungen und Beziehungen zwischen den gestalterischen Elementen zu erzeugen, was zu einer neuen Balance und einer dynamischeren Komposition führt.

Mondaufgang über Mount Lingtrin, Tibet.
Objektiv 2,8/ 300 mm, Blende 5,6, 1/8 Sek., Kodachrome 64

Südbuche, Mount Fitzroy National Park, Argentinien.
Objektiv 2,8/ 300 mm, Blende 11, 1/8 Sek., Fujichrome 100

3

BESTIMMEN DER PERSPEKTIVE

Kapitel 1 widmete sich ausführlich dem Herausarbeiten des Hauptmotivs. Kapitel 2 hatte zum Thema, welche Beziehungen das Hauptmotiv mit anderen Bildelementen eingeht. In diesem Kapitel geht es darum, wie Sie als Fotograf dem Bild Ihre Prägung geben. Das beinhaltet Ihre Wahl des Objektivs, wo Sie in bezug auf das Motiv stehen, wie verschiedene Brennweiten räumliche Beziehungen innerhalb des Bildausschnitts verändern und Ihren persönlichen Blickwinkel.

Durch das Bestimmen der Perspektive nehmen Sie als Fotograf eine Bewertung der Größe des Hauptmotivs in Relation zum gesamten Bildausschnitt und zu den anderen Elementen im Bild vor. Sie haben zwei Möglichkeiten, die Größe zu verändern: Sie können näher heran oder weiter weggehen, um das Motiv größer oder kleiner abzubilden, Sie können aber auch das Objektiv wechseln.

In diesem Zusammenhang ist es wichtig, die Beziehung zwischen Brennweite und Vergrößerung des Motivs zu verstehen. Es sei noch einmal daran erinnert, daß wir uns mit dem Kleinbildformat beschäftigen. Das 50-mm-Objektiv kommt dem Vergrößerungsfaktor 1 ziemlich nahe. Diese Brennweite wird oft als »normal« bezeichnet, da sie dem, wie wir mit bloßem Auge sehen, am nächsten kommt.

Ein Verdoppeln der Brennweite auf 100 mm verdoppelt auch die Größe des Motivs im Bild. Wenn man dies weiter fortsetzt, vergrößert ein

500-mm-Objektiv um den Faktor 10, etwa vergleichbar mit einem Fernglas 10facher Vergrößerung. Um zu zeigen, welche Vergrößerung benötigt wird, um eine fast formatfüllende Darstellung eines kleinen Objekts zu erreichen, hat Art einen Abstand von etwa zehn Metern zu der Eule beibehalten und die Brennweite von 50 auf 800 mm erhöht, wobei im letzten Bild der Vogel sechzehnmal größer als im Ausgangsbild gezeigt wird.

Von ein- und demselben Aufnahmestandort aus mit Teleobjektiven immer längerer Brennweite zu fotografieren, führt zu anderen Ergebnissen, als sich dem Motiv mit derselben Brennweite immer weiter zu nähern – wie Sie in den nächsten Vergleichsaufnahmen sehen werden. Denn wenn Sie näher an das Motiv herangehen, verändert sich nicht nur seine Größe, sondern vor allem auch das Größenverhältnis zwischen dem Motiv und seiner Umgebung. Wenn Sie mit einem Tele aus großer Entfernung mit entsprechend engem Bildwinkel fotografieren, erreichen Sie eine viel intimere Darstellung, als wenn Sie mit einem Weitwinkelobjektiv näher herangehen.

LINKE SEITE OBEN: *Sägekauz, Washington.*
50-mm-Objektiv, Blende 8, 1/30 Sek., Fujichrome Velvia

LINKE SEITE UNTEN: *Sägekauz, Washington.*
Zoomobjektiv 80–200 mm in 80-mm-Stellung, Blende 8, 1/30 Sek., Fujichrome Velvia

OBEN: *Sägekauz, Washington.*
Zoomobjektiv 80–200 mm in 200-mm-Stellung, Blende 8, 1/30 Sek., Fujichrome Velvia

MITTE: *Sägekauz, Washington.*
Zoomobjektiv 200–400 mm in 400-mm-Stellung, Blende 8, 1/30 Sek., Fujichrome Velvia

UNTEN: *Sägekauz, Washington.*
Objektiv 5,6/800 mm, Blende 8, 1/30 Sek., Fujichrome Velvia

Kreischeule, Washington. 20-mm-Objektiv, Blende 4, 1/60 Sek., Fujichrome Velvia

Kreischeule, Washington. 50-mm-Objektiv, Blende 4, 1/60 Sek., Fujichrome Velvia

Kreischeule, Washington. Zoomobjektiv 80-200 mm in 200-mm-Stellung, Blende 4, 1/60 Sek., Fujichrome Velvia

Objektive haben bestimmte Eigenschaften, die vom normalen Sehen abweichen. Die Vergleichsaufnahmen der Eule, die mit verschiedenen Brennweiten entstanden, zeigen, wie bei jeder Brennweite die Umgebung um den Vogel anders ausfällt. Die Eule bleibt dabei immer etwa gleich groß. Art entfernte sich immer weiter von der Eule, während er vom 20-mm-Weitwinkel zum 50-mm-Standardobjektiv und schließlich zum 200-mm-Tele wechselte. Wenn auch aus gestalterischer Sicht keines der Fotos perfekt ist, so eignet sich diese Serie doch sehr gut, um zu verdeutlichen, wie sich der Wechsel der Brennweite von 20 auf 200 mm auf die räumliche Darstellung und die Perspektive auswirkt.

Teleobjektive holen ein Motiv nicht nur stark vergrößert heran, sondern erzeugen auch eine flache Perspektive in Form einer komprimierten Staffelung zwischen Objekten in unterschiedlichen Entfernungen. Eine Teleaufnahme von Bäumen stellt diese beispielsweise dichter zusammenstehend dar als in Wirklichkeit.

Weitwinkelobjektive liefern den gegenteiligen Effekt. Sie ziehen die Entfernung zwischen Objekten unterschiedlicher Ebenen auseinander. Dies kann sehr hilfreich sein, wenn ein Objekt auf engem Raum fotografiert wird. Das Weitwinkelobjektiv mit seiner ausgedehnten Schärfentiefe (der Zone scharfer Abbildung) erlaubt Ihnen, sich dem Motiv dicht zu nähern und trotzdem weiter entfernte Details scharf abzubilden. Es entfernt diese Elemente jedoch weiter vom Vordergrund und läßt sie kleiner erscheinen.

Der andere Aspekt, den Sie erwägen sollten, wenn Sie die Größe des Hauptmotivs innerhalb des Bildausschnitts festlegen, ist Ihr Standpunkt. Vielleicht wollen Sie ja keine normale Perspektive aus Augenhöhe. Möglicherweise erscheint es Ihnen interessanter, einen erhöhten oder niedrigeren Standpunkt einzunehmen, die Horizontlinie zu eliminieren oder die Bedeutung des Motivs auf andere Weise zu unterstreichen.

Der Abbildungsmaßstab und seine Auswirkung aufs Motiv

AW In diesen drei Fotos eines Fleckenkauzes sehen wir, wie sich die Bedeutung des Vogels verändert. In meinen Augen ist keines der Fotos wirkungsvoller als das andere, sie haben nur eine unterschiedliche Aussage. Die erste Aufnahme ist einfach nur ein Foto eines Waldes mit altem Baumbestand, in dem sich als eines von vielen Elementen auch ein Kauz befindet (80-mm-Objektiv). Im zweiten Foto ist der Kauz besser zu erkennen, und auch von dem Wald ist noch viel zu sehen, so daß Sie einen starken Eindruck von Weite erfahren (200-mm-Objektiv). Im dritten Foto dagegen habe ich das meiste des Waldes eliminiert, und der Kauz ist eindeutig das dominierende Element. Es ist eine ansprechendere Darstellung des Kauzes und der Baumstruktur, die jetzt erst zur Geltung kommt (400-mm-Objektiv).

MH In jedem dieser Bilder steht der Kauz in unterschiedlicher Beziehung zu seiner Umgebung. Im ersten Foto ist er kaum wahrzunehmen und verschmilzt fast perfekt mit seinem Umfeld. Es ist interessant, daß der helle Ast, statt ein ablenkendes Element darzustellen, vielmehr unseren Blick direkt zu dem Vogel führt. Der Wald mit seinen starken senkrechten Linien dominiert in dem Foto. Wenn ich eine Geschichte illustrieren müßte, die zum Ausdruck bringt, daß wir viele Lebensräume für diesen Kauz erhalten müssen, würde ich diese Version wählen.

Im mittleren Foto besteht eine viel größere Balance zwischen dem Vogel und dem Wald. Der Kauz steht für sich allein, ohne daß die Bäume ein stärkeres Gewicht haben. Dies wäre ein klassisches Aufmacherfoto für eine Geschichte über Fleckenkäuze und einen alten Wald.

Das letzte Foto ist das Porträt eines Kauzes. Auch jetzt sind die hellen Äste von starker linearer Bedeutung innerhalb der Komposition. Die weiche Form des Kauzes steht in Kontrast zu den harten Linien der Baumrinde, ohne daß das Gefühl der Tarnung wie in dem ersten Bild verlorengeht. Müßte ich keinen Text links im Bild unterbringen, würde ich das Bild zu einem Hochformat beschneiden, um den Kauz noch stärker zu betonen.

AW Um eine vollständige Geschichte zu erzählen, ist es manchmal erforderlich, ein Element zu integrieren, das eindrucksvoll die Größenverhältnisse vermittelt. Obwohl nicht immer notwendig, hilft es, wenn die bloße Größe des Motivs selbst zur Geschichte wird.

Fleckenkauz in einem Wald mit altem Baumbestand, Cascade, Washington. Zoomobjektiv 80–200 mm in 80-mm-Stellung, Blende 4, 1/8 Sek., Fujichrome Velvia

Fleckenkauz in einem Wald mit altem Baumbestand, Cascade, Washington. Zoomobjektiv 80–200 mm in 200-mm-Stellung, Blende 4, 1/8 Sek., Fujichrome Velvia

Fleckenkauz in einem Wald mit altem Baumbestand, Cascade, Washington. Zoomobjektiv 200–400 mm in 400-mm-Stellung, Blende 4, 1/8 Sek., Fujichrome Velvia

Mammutbäume, Yosemite National Park, Kalifornien. Zoomobjektiv 200–400 mm in 200-mm-Stellung, Blende 22, 1/4 Sek., Fujichrome Velvia

In solchen Fällen sollten Sie dem Betrachter einen Referenzpunkt geben. Im ersten Foto sehen wir Riesensequoias im Yosemite National Park. Ohne jemanden daneben zu postieren, können Sie jedoch nicht die enorme Höhe dieser Bäume abschätzen. Im zweiten Bild bekommen wir durch den Fotografen, der vor dem Baum steht, eine Vorstellung von den Größenverhältnissen.

MH Ein Teil unseres Vergnügens, Naturfotos zu genießen, liegt darin, daß wir uns in die Situation des Fotografen versetzen können. Wenn dann noch eine Person im Bild ist, fällt das um so leichter. Wir können uns sofort auf sie beziehen und so die wahre Größe des Baumes erahnen. Beachten Sie, wie das Hochformat das Gefühl der Höhe der Bäume betont. Auch wenn wir vielleicht die einsame Natur bevorzugen, so wirkt doch manchmal ein Mensch in der Landschaft anziehender. Ob wir das nun mögen oder nicht, der Mensch ist nun mal Teil der Natur. Dies zu ignorieren würde bedeuten, auf einige der erzählerischen Momente der Fotografie zu verzichten.

RECHTS: *Mammutbäume, Yosemite National Park, Kalifornien.* Zoomobjektiv 200–400 mm in 400-mm-Stellung, Blende 11, 1/15 Sek., Fujichrome Velvia

AW Ohne den Kletterer wäre das Bild eine Studie von schwarzen und weißen Formen. Durch die Person aber vermitteln die Felssäulen erst das wahre Gefühl von Masse. Auch bei dem Slot Canyon in Arizona links bekommen wir erst durch das einbezogene Gestrüpp einen Eindruck von Perspektive und Größenverhältnissen. Oft sind es solche Details, die aus einem durchschnittlichen ein gutes Foto machen.

MH Als Bildredakteurin habe ich immer wieder Fotos erhalten, in denen eine Münze, ein Lineal oder eine Fingerspitze zu sehen waren, um die Größenverhältnisse zu verdeutlichen. Dies ist eine sehr akademische, eher von Wissenschaftlern praktizierte Methode ohne jede Ästhetik, vor allem, wenn es um Naturmotive geht. Das Geheimnis liegt eben darin, etwas zu finden, das von vielen Leuten automatisch erkannt und den Größenverhältnissen zugeordnet wird. Die kleine Figur im Bild oben verwandelt die dunklen Felsen unmittelbar in Berge. Das Gestrüpp dagegen macht nicht nur das Größenverhältnis sichtbar, sondern erzählt uns auch etwas über die Landschaft. Die orangefarbenen Felsen und der vertrocknete Strauch unterstreichen beide den starken Eindruck von Hitze und Dürre.

Bergsteiger in den Dolomiten, Italien. Zoomobjektiv 200–400 mm in 400-mm-Stellung, Blende 8, 1/60 Sek., Fujichrome Velvia

LINKS: *Slot Canyon.* 20-mm-Objektiv, Blende 16, 2 Sek., Fujichrome Velvia

RECHTS:
Grizzly, Alaska.
Objektiv 5,6/
800 mm, Blende
5,6, 1/30 Sek.,
Fujichrome 100

UNTEN RECHTS:
Kampfadler,
Samburu National
Park, Kenia.
Objektiv 5,6/
800 mm, Blende
5,6, 1/60 Sek.,
Fujichrome 100

Näher heran mit dem Tele

AW In diesem Buch zeigen wir an vielen Beispielen, daß ein Bild um so stärker wirkt, je klarer und einfacher die Komposition ist. Teleobjektive können dabei sehr helfen. Sie eliminieren ablenkende Elemente, was gerade bei Aufnahmen in der Natur sehr wichtig ist.

MH Lange Brennweiten sind vor allem bei Naturaufnahmen sehr nützlich, sie bringen Tiere und Betrachter in engeren Kontakt. Durch den großen Abstand ist es oft möglich, das natürliche Verhalten einzufangen. Wenn der Abstand, bei dem sich das Tier noch wohl fühlt, nicht unterschritten wird, besteht auch keine Gefahr der Flucht oder des Angriffs.

Viele Menschen denken immer noch, Blickkontakt bei einem Porträt sei wichtig, so wie in Leonardo da Vincis berühmtem Gemälde der Mona Lisa, bei dem Sie unabhängig von Ihrem Standpunkt von den Augen gefesselt werden. Bei *Audubon* dagegen haben wir immer versucht, Aufnahmen, bei denen das Tier in die Kamera starrt, zu vermeiden. Es vermittelt nämlich den Menschen einen falschen Eindruck. Man steht nun einmal nie so nah bei einem Grizzly in der Natur, daß man ihm direkt in die Augen blicken könnte.

Wie wir jedoch in dem Löwenfoto gesehen haben, läßt sich der bedrohliche Blick eines Raubtiers nicht bestreiten. Mit einem Mal wird Ihnen bewußt, daß Sie Opfer statt Raubtier sein könnten. Wenn dies die Botschaft sein soll, ist der Blickkontakt natürlich schon wichtig. Ohne Zweifel fesseln Porträts wie das nebenstehende gerade aus diesem Grund.

AW In diesem Buch beschäftigen wir uns damit, wie der Fotograf am besten das in der Natur Gesehene interpretieren und in ein eindrucksvolles Foto umsetzen kann. Die Entscheidungen, die dazu erforderlich sind, sind vielfältig und variieren von Fall zu Fall.

In diesem Beispiel von Bergen und Pappeln im Hunza-Tal in Pakistan zeigt das erste Foto nicht wirklich das, was ich sah. Die Pappeln strahlten im frühen Morgenlicht und hoben sich von dem im tiefen Schatten liegenden Hintergrund ab. Meine erste Komposition reduzierte diesen Effekt. Ich habe zu viel Information in das Bild integriert, das dadurch verwirrend wirkt. Bei der zweiten Aufnahme habe ich von 80 auf 200 mm Brennweite gewechselt und die Komposition dadurch auf die Elemente eingeengt, die meine Aufmerksamkeit erregten.

OBEN: *Hunza-Tal, Pakistan.* Zoomobjektiv 80–200 mm in 80-mm-Stellung, Blende 16, 1/8 Sek., Fujichrome Velvia

UNTEN: *Hunza-Tal, Pakistan.* Zoomobjektiv 80–200 mm in 200-mm-Stellung, Blende 16, 1/8 Sek., Fujichrome Velvia

Nest von einem Rauhfußbussard, Utukok River Valley, Brooks Range, Alaska.
20-mm-Objektiv, Blende 22, 1/4 Sek., Fujichrome Velvia

Während das erste Foto die Landschaft in der Übersicht zeigt, reduziert sie der engere Ausschnitt auf ihre beiden wesentlichen Elemente. Welches Bild Sie auch bevorzugen – es besteht wohl kein Zweifel darüber, was ich durch die Elemente des zweiten Fotos aussagen möchte.

MH Dies ist in vielerlei Hinsicht ein interessantes Foto. Kontrast, Farbe und Linien heben sich gut voneinander ab. Die warmen, goldenen Pappeln stehen deutlich vor den kühlen, bläulich-purpurfarbenen Schatten der Berge. Die diagonalen Linien der Bergkette, dicht an die filigranen Linien der Bäume herangerückt, erzeugen eine interessante Spannung von Strukturen und Linien. Obwohl Teleobjektive die Tiefenstaffelung mehr oder weniger aufheben, wirkt das Foto fast dreidimensional.

Näher heran mit dem Weitwinkel

AW Oft bringen mir Studenten meiner Kurse Arbeiten, die ein interessantes Objekt zeigen, jedoch zuwenig Information enthalten, um eine komplette Geschichte zu erzählen. Eine wirkungsvolle Methode, dies zu erreichen, ist der Einsatz eines Weitwinkelobjektivs aus kurzer Distanz zum Motiv. Ein Teil des Hintergrunds rückt so weiter weg, was ein Gefühl von Räumlichkeit vermittelt.

Das erste Foto zeigt das Nest eines Rauhfußbussards in dem Brooks Range, Alaska. Ich entschied mich für ein Hochformat, um das Gefühl von Tiefe zu steigern, das Nest bildete das dominierende Element im Vordergrund.

Die Singschwäne auf einem See auf Hokkaido habe ich in ähnlicher Weise fotografiert – sie bilden das dominierende Element im Vordergrund. Dennoch dienen die Ränder des Sees und die entfernten Berge dazu, viel Raum um die Vögel herum zu vermitteln.

Den Schädel eines Moschusochsen fand ich in den windigen Ebenen der Nunivak-Insel in Alaska. Wieder wollte ich den Eindruck von Weite vermitteln. Wenn ich mich dicht vor den Schädel gestellt und nach unten fotografiert hätte, wäre das Foto sicher nicht so interessant ausgefallen.

MH In diesen drei Fotos hat Art den Horizont oben im Bild plaziert, um der Landschaft mehr Weite zu verleihen. Und wie wir vorhin festgestellt haben, dehnen Weitwinkelobjektive den Raum in einem Foto aus und steigern so die Distanz zwischen Vorder- und Hintergrund. Wenn Sie also das Hauptmotiv und sein Umfeld in einem Foto darstellen wollen, ist das Weitwinkelobjektiv oft die Lösung. Das Hauptmotiv dominiert, während die Landschaftselemente untergeordnet werden. Sowohl beim Foto des Nestes als auch bei den Schwänen zeigt sich der Vorteil des Weitwinkelobjektivs: Es erlaubt, Hauptmotiv und Umfeld zu einem dynamischen Gesamteindruck zu vereinen.

Besonders gefällt mir das letzte Foto des Ochsenschädels. Art hat den Horizont fast völlig eliminiert – mit einer interessanten Konsequenz. Die Weite erscheint noch offener und endlos. Dadurch, daß er den Hintergrund nicht begrenzt, hat Art ein Gefühl der Zeitlosigkeit erzeugt, die die Einsamkeit verstärkt und fast die prähistorische Vergangenheit des Moschusochsen wieder aufleben läßt. Die wellenförmigen Linien des windgeformten Schnees tragen das Auge nach hinten in den Bildraum und verstärken das Gefühl von Weite, die sich in der Tiefe verliert.

Singschwäne, Hokkaido, Japan.
20-mm-Objektiv, Blende 11, 1/30 Sek., Fujichrome Velvia

Schädel eines Moschusochsen, Nunivak Island, Alaska.
20-mm-Objektiv, Blende 22, 1/2 Sek., Fujichrome 100

Regentropfen auf Gras, Unalaska Island, Alaska.
55-mm-Makroobjektiv,
Blende 16, 1 Sek.,
Fujichrome 100

RECHTE SEITE:
Eiskristall, Washington.
55-mm-Makroobjektiv,
Blende 16, 1/4 Sek.,
Kodachrome 64

Näher heran mit dem Makroobjektiv

AW Hier habe ich ein 55-mm-Makroobjektiv verwendet und so eine extreme Nahaufnahme eines Grasbüschels an der Küste der Aleuten erzielt. Mit diesem Objektiv konnte ich ganz nahe auf die Regentropfen fokussieren, die sich im Nieselregen angesammelt hatten. Jeder Tropfen trägt zu dem größeren Ganzen des Tropfenmusters bei. Der Winkel, in dem die Blätter stehen, ändert den Anteil des reflektierten Lichts.

Das zweite Foto zeigt einen einzelnen gefrorenen Eiskristall. Hier habe ich wieder das 55-mm-Makroobjektiv mit einem Zwischenring verwendet und bin auf ein paar Zentimeter herangegangen. Die Kamera wurde dabei so ausgerichtet, daß der Kristall ein gewisses Gegenlicht des hellen, aber bedeckten Himmels erhielt, um ihn transparent erscheinen zu lassen. Ohne dieses Gegenlicht hätte ich die filigranen Linien innerhalb des Kristalls nicht zeigen können.

MH Wie wir bereits bei dem Beispiel mit den Flechten erörtert haben, hilft das Makroobjektiv durch seine Eigenschaft, dem Fotografen eine abstrakte Sehweise zu vermitteln, seine Kreativität zu erhöhen. Auf diese Weise kann er anderen die Augen für Dinge öffnen, die sie von selbst vielleicht nicht gesehen hätten.

Das weiche, diffuse Licht läßt uns die Nuancen der geraden und kantigen Grashalme genießen, wobei die leuchtenden Kugeln der Regentropfen ein Muster erzeugen, das an die Fangarme von Tintenfischen erinnert. Diese Aufnahme wäre bei sonnigem Licht nicht möglich gewesen. Auch graue, regnerische Tage kann man sich fotografisch zunutze machen.

Der Eiskristall ist elegant durch Licht isoliert worden. Er hebt sich mit scharfen Konturen klar wie ein Edelstein von seinen unscheinbaren Nachbarn ab. Sein heller Ton vermittelt vor dem erheblich dunkleren Umfeld den Eindruck, als schwebe er über dem Untergrund. Mir gefällt diese kalte Reinheit und die Subtilität der Lichtquelle.

Flathead Valley, Montana. 50-mm-Objektiv, Blende 16, 1/15 Sek., Fujichrome 100

Flathead Valley, Montana. Zoomobjektiv 200–400 mm in 300-mm-Stellung, Blende 16, 1/15 Sek., Fujichrome 100

Entfernung verdichten durch Teleobjektive

AW Als ich das Flathead Valley in den Bergen von Montana hinunterfuhr, bemerkte ich dieses Haus am Fuß der Berge. Die erste Aufnahme machte ich mit dem 50-mm-Objektiv, sie gibt das, was ich beim Vorbeifahren vom Auto aus sah, am besten wieder. Ich erkannte die Möglichkeiten, die in dieser Szene steckten, und dieses Foto war sicher noch nicht das Optimum. Es enthält zuviel Himmel, zuviel Vordergrund, und die dunkle Erdfurche führt das Auge vom Bildwichtigen weg.

Mit der zweiten Aufnahme wußte ich, was ich wollte – die Farm mit den Bergen im Hintergrund. Durch Heranholen mit einem 300-mm-Tele habe ich wie durch ein Teleskop erreicht, daß die Berge dichter an die Farm herangerückt sind. Ich plazierte die Farm angeschnitten unten im Bild, so daß oberhalb nur die Berge liegen, auf diese Weise entstand ein dramatisches Aufwärtsstreben in der Vertikalen. Die letzte Aufnahme ist noch dichter (400 mm mit einem 1,4fach-Konverter entsprechend 500 mm Brennweite). Zusätzlich habe ich ein Hochformat gewählt, um die Höhe der Berge zu verstärken, sowie ein Polarisationsfilter, um noch mehr Dramatik ins Bild zu bringen. Das letzte ist für mich eindeutig das stärkste Foto.

MH Hier haben wir wieder ein gutes Beispiel dafür, was die Kamera, im Gegensatz zum Auge, zu tun vermag. Die einzige Möglichkeit für uns, ein ähnliches Bild zu sehen, wäre, eine lange Wanderung auf uns zu nehmen, um nahe an die Farm heranzukommen. Doch selbst dann hätten Sie nicht die gleiche Perspektive, bei der Farm und Berge so dicht zusammenliegen. Dieser dramatische Eindruck entsteht nur durch die intensive räumliche Verdichtung, die ein starkes Tele verursacht.

AW Der gleiche Effekt wird in dieser Aufnahme von zwei Bergsteigern vor dem Ama Dablam im Himalaja in Nepal deutlich. Es sieht fast so aus, als stünden die beiden Personen dicht unterhalb des Gipfels, doch dies ist nur eine vom Teleobjektiv erzeugte Illusion. In Wirklichkeit sind die beiden Bergsteiger weit von dem Berg entfernt. Dadurch, daß sie auf einem erhöhten Punkt stehen und mit einem Tele fotografiert wurden, habe ich diese Nähe zu dem Berg im Hintergrund darstellen können. Ich befand mich etwa 70 Meter von den Bergsteigern entfernt. Durch Belichten auf den hellen Hintergrund sind die Personen zu Silhouetten geworden.

Flathead Valley, Montana.
560 mm Brennweite (Zoomobjektiv 200–400 mm in 400-mm-Stellung plus 1,4fach-Konverter), Blende 16, 1/15 Sek., Fujichrome 100

Bergsteiger vor dem Ama Dablam, Himalaja, Nepal.
560 mm Brennweite (Zoomobjektiv 200–400 mm in 400-mm-Stellung plus 1,4fach-Konverter), Blende 22, 1 Sek., Fujichrome 100

MH Lange Brennweiten haben einen so engen Bildwinkel, daß sie oft den Vordergrund völlig eliminieren. Gleichzeitig rücken Bildelemente und Bildebenen dicht zusammen. Bei dieser Aufnahme der Bergsteiger wird das Größenverhältnis zwischen dem Menschen und den scheinbar überwältigenden Bergen durch die Verdichtung des Abstandes zwischen Objekten auf zwei verschiedenen Ebenen erzeugt, was sich nur durch extrem lange Telebrennweiten erreichen läßt.

Mehr Räumlichkeit durch Weitwinkelobjektive

AW Bei Außenaufnahmen kann das 50-mm-Objektiv ein Motiv manchmal nicht in der gewünschten Weise abbilden. Häufig wechsle ich dann zum 28- oder gar 20-mm-Weitwinkel, um einen größeren Bildwinkel zu erfassen und mehr Dramatik ins Bild zu bringen. Bei der Koaakazie wollte ich die verdrehte Form der Äste betonen. Spaßeshalber bin ich sogar in den Baum geklettert und habe mit dem 17-mm-Superweitwinkel nach unten fotografiert.

MH Die Fähigkeit der Kamera, die Perspektive zu verändern, läßt sich einsetzen, um dramatischere Bilder zu erzeugen, doch sollte davon vorsichtig Gebrauch gemacht werden. Das Schwenken eines Weitwinkelobjektivs nach oben oder unten macht aus Parallelen konvergierende oder divergierende Linien. Wenn Ihnen diese Verzeichnung zusagt, sollten Sie damit experimentieren.

Arts zweites Foto aus dem Baum heraus finde ich witzig, und mir gefällt daran die ungewöhnliche Perspektive. Häufig jedoch werden gebogene oder stürzende Linien vom Auge als störend empfunden, vor allem bei Personenaufnahmen wirkt das sehr unvorteilhaft. In den meisten Veröffentlichungen wird deshalb auf diese Form der Darstellung verzichtet, außer, der verfremdende Effekt ist beabsichtigt.

Bessere Komposition durch Verändern des Standpunktes

AW Bei diesem ersten Vergleich sehen wir, wie einfach es sein kann, durch Verändern des Kamerastandpunktes die Komposition zu verbessern. Die erste Aufnahme einer Akelei entstand mit einem hellen Hintergrund. Wie bereits gesagt, ziehen weiße Flächen unser Auge an, während dunkle Flächen zurück-

Akelei, Banff National Park, Alberta, Kanada. 55-mm-Makroobjektiv, Blende 5,6, 1/125 Sek., Fujichrome Velvia

Akelei, Banff National Park, Alberta, Kanada. 55-mm-Makroobjektiv, Blende 5,6, 1/125 Sek., Fujichrome Velvia

LINKE SEITE OBEN: *Koaakazie, Volcanoes National Park, Hawaii.* 50-mm-Objektiv, Blende 16, 1/8 Sek., Fujichrome Velvia

LINKE SEITE UNTEN: *Koaakazie, Volcanoes National Park, Hawaii.* 17-mm-Objektiv, Blende 16, 1/8 Sek., Fujichrome Velvia

treten. Bei dieser blassen Blume, die nur als Silhouette gegen den noch hellen Hintergrund erscheint, gehen die subtilen gelben Pastelltöne völlig verloren. Der Hintergrund erdrückt total das Hauptmotiv. Durch Anheben der Kamera um 20 Zentimeter habe ich den hellen Hintergrund eliminiert, so daß sich die sanften Farben besser abheben und den Bildausschnitt dominieren.

MH Im Laufe der Jahre habe ich viele Fotos gesehen, die durch einen hellen, zeichnungslosen Himmel verdorben wurden. Ob es ein sattes Blau oder ein blasses Grau ist, es kann in beiden Fällen die anderen Elemente im Bild übermäßig dominieren. Oftmals, wie im Beispiel mit der Akelei, reicht ein leichtes Verändern der Kameraposition aus, das Problem zu lösen. Die zarten Farben der Blume gehen vor dem hellen Hintergrund verloren. Gegen den dunklen Hintergrund erscheinen die Farben satter, und die Form der Pflanze wird betont. Das Fotografieren von Wildblumen erfordert viel Geduld und Sorgfalt. Das Einfache ist meistens das Bessere. Die zarten Farben und Konturen von Wildblumen erscheinen vor einem geschlossenen, dunklen Hintergrund vorteilhafter, auch das diffuse Licht bedeckter Tage trägt dazu bei.

AW In den nächsten beiden Bildpaaren habe ich ein Weitwinkelobjektiv verwendet, doch die Dynamik des Motivs ist noch nicht so richtig dargestellt. Ich habe deshalb nach einem anderen Standpunkt gesucht, um das Motiv interessanter zu zeigen. Beim zweiten Foto habe ich eine größere Spannung zwischen dem Felsen und dem Baum geschaffen und die Komposition ausgewogener angelegt. Im ersten Foto scheinen Felsen und Bäume einfach nur dazustehen, ohne daß das Auge zum Wandern innerhalb des Bildes veranlaßt wird. Beim zweiten Bild habe ich den zweiten und dritten Felsbrocken so plaziert, daß sie die Elemente in der linken Ecke ausbalancieren. Die Tiefenstaffelung erzeugt gleichzeitig einen stärkeren räumlichen Eindruck.

OBEN: *Jeffreyskiefer, Olmsted Point, Yosemite National Park, Kalifornien.* 20-mm-Objektiv, Blende 16, 1/15 Sek., Fujichrome 50

UNTEN: *Portage Lake, Kenai Peninsula, Alaska.* 20-mm-Objektiv, Blende 11, 1 Sek., Fujichrome 50

MH In diesem Fall stimme ich mit Art nicht überein, jedoch nicht wegen der Gestaltung, sondern wegen des Gehalts. Das zweite Bild der Kiefer enthält tatsächlich diagonale Linien, die das Auge zum Baum hinführen, und das Foto ist wunderbar ausgewogen gestaltet. Es vermittelt aber ein starkes Gefühl der Statik, die dem ersten Bild fehlt.

Im ersten Foto liegt der Horizont niedrig und direkt vor uns, was uns ein Gefühl vermittelt, als befänden wir uns dicht am Rand eines Abgrunds. Die Felsbrocken scheinen vorübergehend auf dem Kamm zum Stehen gekommen zu sein. Die Bäume haben dank einer glücklichen Fügung hier Wurzeln schlagen können. Das zweite Bild hat zwar an visuellem Ausdruck gewonnen, jedoch etwas von seinem emotionellen Gewicht verloren.

AW In dem linken Foto vom Portage Lake in Alaska gefiel mir zwar die Komposition, doch die dunklen Felsen im Vordergrund schienen mir unausgewogen plaziert zu sein, was den unteren Bildteil zu dunkel und den oberen Bereich zu hell machte. Durch einen niedrigeren und leicht veränderten Kamerastandpunkt habe ich die Reflexion der rosafarbenen Wolke im unteren Teil mit einbezogen, die hellen Elemente verteilen sich gleichmäßiger im Bildraum.

MH Beide Fotos sind auf jeden Fall veröffentlichungswürdig, doch ziehe ich die Gestaltung des zweiten Fotos eindeutig vor. Zum Teil aus den von Art genannten Gründen, jedoch auch deshalb, weil durch den höheren Horizont das Gefühl von Tiefe verstärkt wird. Auch die zurücktretenden dunklen Felsen unten im Bild tragen dazu bei. Im ersten Foto scheinen sie mir ein Hindernis zu bilden, in die Tiefe des Bildes einzudringen. Beim zweiten Bild können wir mit Leichtigkeit in das Bild hineinwandern, so als wenn es sich bei den Felsen um Stufen handelte. Ebenso wird der Berg im Hintergrund vom Vordergrund nicht mehr so stark dominiert, obwohl beide Fotos mit der gleichen Brennweite von 20 mm entstanden sind.

OBEN: *Jeffreyskiefer, Olmsted Point, Yosemite National Park, Kalifornien.* 20-mm-Objektiv, Blende 16, 1/15 Sek., Fujichrome 50

UNTEN: *Portage Lake, Kenai Peninsula, Alaska.* 20-mm-Objektiv, Blende 11, 1 Sek., Fujichrome 50

4 DIE KRAFT DER FARBE

Farbe ist vielleicht das stärkste Hilfsmittel der visuellen Kommunikation. Sie hat eine direkte Verbindung zu unseren Emotionen, sie kann sogar unser Verhalten beeinflussen. Experimente von Psychologen haben die Kraft der Farbe demonstriert. Wenn aufgeregte Kinder in einen rosafarbenen Raum gebracht wurden, beruhigten sie sich, hörten auf zu schreien, und einige fielen innerhalb von zehn Minuten in Schlaf. Rosa unterdrückt den Ausstoß von Adrenalin.

Auch Tiere reagieren unterschwellig auf Farbe. So wurden etwa Rennpferde nach einem anstrengenden Training in rot oder blau gestrichenen Ställen untergebracht. Die Pferde in den blauen Ställen kühlten sich viel schneller ab als die in den roten. Viele Restaurants verwenden Rot in ihrem Dekor, da es angeblich unser Gehirn und unseren Appetit stimuliert und somit der Verzehr gesteigert wird.

Farbe ist ein Phänomen des Lichts, wie Isaac Newton 1676 entdeckte, als er Sonnenlicht mit einem Prisma zerlegte. Weißes Licht setzt sich aus sieben Grundfarben unterschiedlicher Wellenlänge zusammen, die sich von den kurzen Wellen des Violett bis zu den langen Wellen des Rot erstrecken. Wenn wir ein Objekt betrachten, handelt es sich bei dem, was wir wahrnehmen, tatsächlich um von der Oberfläche reflektiertes Licht. Ein roter Apfel beispielsweise ist rot, weil er die Komplementärfarbe Grün absorbiert.

Wir alle haben Farbvorlieben. Einige von uns bevorzugen Abstufungen von Grün, Blau und Purpur vor den wärmeren Farben wie Rot, Orange und Gelb, und vielleicht weisen eines Tages Wissenschaftler nach, daß diese Vorlieben eine neurologische Ursache haben. Das Gebiet der Photobiologie beschäftigt sich mit der Wirkung von verschiedenfarbigen Wellenlängen auf die chemischen Stoffe im Hirn, die wir produzieren. In Schweden hat man entdeckt, daß man durch die Verwendung von Innenbeleuchtungen mit ultravioletten Bestandteilen den

Depressionen entgegenwirken kann, unter denen viele Schweden während der langen, dunklen, lichtarmen Wintermonate leiden. Wahrscheinlich statten deshalb viele Skandinavier ihre Inneneinrichtungen mit hellen, kräftigen Grundfarben aus.

Farben sind jedoch nicht nur einfach ein visuelles Phänomen. Wie Worte und Symbole enthalten sie Konnotationen und Assoziationen und transportieren psychologische Bedeutungen, die unsere Gefühle beeinflussen. Rot beispielsweise symbolisiert Liebe, Angst und Hitze, um nur einige zu nennen. Es ist die Farbe des Blutes, von Leben und Tod. Das Herzsymbol, mit dem Liebe ausgedrückt wird, ist rot. Stoppschilder sind rot, um uns zu warnen und unsere Aufmerksamkeit zu wecken. In der Natur signalisiert Rot Gefahr: Rot sind die giftigen Beeren und der Fliegenpilz. Ob Sie Rot nun mögen oder nicht, es läßt sich kaum bestreiten, daß der Anblick eines hellroten Kardinalvogels in einer bleichen Winterlandschaft ins Auge springt.

Gelb ist warm, freundlich, zieht unsere Aufmerksamkeit ebenfalls an und wird deshalb für Dinge, die gut sichtbar sein sollen, benutzt, wie beispielsweise Straßenmarkierungen, Schlechtwetterkleidung und Taxis. Kinder verwenden beim Malen Gelb als Farbe des Sonnenscheins. Gelb vermittelt die Wärme der Sonne, wenn wir sie anschauen, obschon es nicht ihre wirkliche Farbe ist.

Bridal Veil Falls, Yosemite National Park, Kalifornien. Zoomobjektiv 200–400 mm in 400-mm-Stellung, Blende 16, 1/25 Sek., Fujichrome 50

Eine Farbe ändert auch ihren Charakter, wenn sie in der Nähe anderer Farben steht. Wenn Rot etwa von einer großen blauen Fläche umgeben ist, wirkt es heiß. Wenn es jedoch in einer großen hellen gelben Fläche steht, erscheint das gleiche Rot relativ kühl.

Kühle Farben treten scheinbar zurück, warme Farben drängen nach vorn. Gesättigte Farben scheinen näher zu sein als pastellene Farben des gleichen Farbtons. Landschaftsmaler lernen, warme Farben zu verwenden, um Details im Vordergrund hervorzuheben, und kühle Farben für weiter entfernt liegende Elemente. Kunstschulen lehren Künstlern, Farbe sorgfältig und dezent zu verwenden und ihre Wirkung auf den Betrachter immer im Auge zu behalten. Auch Farbfotografen müssen sich über die Kraft der Farbe im klaren sein.

Sicherlich haben Sie schon festgestellt, daß in Zeitschriften viel mehr Farbbeiträge veröffentlicht werden als Beiträge in Schwarzweiß. Das liegt daran, daß Farbe mehr Aufmerksamkeit erregt. Seiten mit reinem Text sind ermüdend. Die Grafiker verwenden Farbbilder mit integrierten Textblöcken, um die Seiten aufzulockern und uns zum Lesen zu veranlassen.

OBEN:
Königssittich, Australien.
Zoomobjektiv 200–400 mm in 200-mm-Stellung, Blende 4, 1/60 Sek., Fujichrome Velvia

RECHTS:
Parsons Riesenchamäleon, Madagaskar.
55-mm-Makroobjektiv, Blende 8, 1/60 Sek., Fujichrome Velvia

Greifschwanzlanzenotter. Zoomobjektiv 80–200 mm in 200-mm-Stellung, Blende 11, 1/60 Sek. plus Blitz, Fujichrome Velvia

Primärfarben

1982 starteten wir in *Audubon* mit einer Essay-Serie unter dem Titel »Farbe in der Natur«. Den Anfang machte die Farbe Rot, da sie, ob in der Redaktion oder in der Werbung, besonders ins Auge springt. Wir wählten 36 Fotos von den Tausenden aus, die dazu eingesandt wurden. Dieser »Rot«-Beitrag war so erfolgreich, daß wir im September 1984 Blau folgen ließen und mit der Farbe Gelb im Juli 1986 die Primärfarben vervollständigten.

Ich glaube, daß die Popularität dieser Essays auf das Vergnügen der Leser zurückzuführen ist, neue Quellen der Farbe zu entdecken oder Farben in alltäglichen Dingen, die sie entweder übersehen oder als selbstverständlich betrachtet hatten. Einige der Bildbeispiele zeigten Offensichtliches, aus der Natur Bekanntes, zum Beispiel rote Ahornblätter im Herbst, einen Elfenblauvogel, ein gelbes Gänseblümchen. Die meisten waren jedoch weniger vertraut – rote Mäuler von Kuckucksjungen, der gelbe Schnabel eines Harris-Falken, die türkisfarbenen Augen eines jungen Pumas. Wenn man einmal darüber nachdenkt, so wäre ein Leben ohne Farben schon recht trist. Vieles, was uns in unserer Umgebung Freude bereitet, ist auf die Wirkung der Farbe zurückzuführen.

Rote Ibisse, Trinidad. Objektiv 5,6/800 mm, Blende 5,6, 1 Sek., Fujichrome 100

Blaukehltragopan, südöstliches Tibet. Zoomobjektiv 200–400 mm in 400-mm-Stellung, Blende 4, 1/30 Sek., Fujichrome Velvia

Komplementärfarben

Künstler lernen, Farben in ihrer Beziehung zu anderen einzusetzen: Primär-, Sekundär- und Komplementärfarben. Die Primärfarben – Rot, Gelb und Blau – haben die größte visuelle Wirkung, da sie rein sind. Alle anderen Farben lassen sich aus ihnen mischen. Alle drei zusammen ergeben ein dunkles Grau. Je mehr Farben man vermischt, desto subtiler werden diese und desto geringer ist ihre visuelle Kraft.

Die Sekundärfarben sind jene, die aus gleichen Teilen von zwei Primärfarben gemischt wurden, also Grün, Orange und Purpur. Auf dem Farbkreis von Primär- und Sekundärfarben nennt man diejenigen, die sich gegenüberliegen, Komplementärfarben – Rot/Grün, Orange/Blau, Gelb/Purpur –, da sie eine ungewöhnliche visuelle Wirkung auf uns haben. Wenn sie nebeneinander eingesetzt werden, leuchtet jede der Farben intensiver. Die französischen Impressionisten waren die ersten Maler, dic sich dieses Phänomen zunutze gemacht haben. Nicht anders ist diese Wirkung in der Fotografie. Eine orangefarbene Grannenkiefer (Seite 94/95) beispielsweise wird vor einem blauen Himmel viel besser wirken als vor einer weißen Wolke.

Porzellansternchen, Blue Ridge Parkway, Virginia. 55-mm-Makroobjektiv, Blende 16, 1 Sek., Fujichrome 100

Alaska Range, Denali National Park, Alaska. Zoomobjektiv 200–400 mm in 400-mm-Stellung, Blende 8, 1/15 Sek., Fujichrome Velvia

Verwandte und harmonische Farben

Harmonierende Farben nennt man diejenigen, die in ihrem Farbton verwandt sind – Gelb, Grün, Blau zum Beispiel oder Rosa, Orange und Gelb. Aus diesem Grund üben sie eine andere Wirkung aus: nicht so kühn wie Komplementärfarben, jedoch sehr ansprechend für den Betrachter. Bestimmte Jahreszeiten sind durch harmonische Farben charakterisiert, wie etwa der Herbst mit seinen Rot-, Braun-, Orange- und Gelbtönen. Wir zogen immer auch die Farbe bei unserer Titelgestaltung in Betracht. Unser bestverkauftes Titelbild war eine ziemlich melancholische Aufnahme einer mausernden Kreischeule im Herbstlaub. Das Foto lebte sehr stark von winzigen orangefarbenen Beeren, die noch an einer Weinrebe hängen. Zum Einrahmen und Aufhängen sind Fotos mit harmonischen Farben vorzuziehen; sie haben eine beruhigende Wirkung und sind auch auf die Dauer angenehmer für das Auge, wenn sie täglich betrachtet werden müssen.

Seesterne, Queen Charlotte Islands, British Columbia, Kanada. 55-mm-Makroobjektiv, Blende 11, 1/8 Sek., Fujichrome 100

RECHTS: *Säulenzypressen und Pinien, Toskana, Italien.* Zoomobjektiv 200–400 mm in 400-mm-Stellung, Blende 8, 1/15 Sek., Fujichrome 50

UNTEN: *Hügellandschaft mit Frühlingsblumen, Zentralkalifornien.* Zoomobjektiv 200–400 mm in 400-mm-Stellung, Blende 16, 1 Sek., Fujichrome Velvia

Pastellfarben

Pastellfarben kann man vereinfacht als Abwandlungen von Primär- und Sekundärfarben bezeichnen, für die die gleichen Wirkungen gelten. Das Bild grüner Bäume in Italien wird durch die rötlichen Äste deutlich lebhafter. Der blasse warme Farbton des Sandes hebt sich gut von dem kühlen blauen Schatten ab. Es erinnert mich an eines unserer Januar-Titelbilder – generell Pastelle in kühnen Wintertönen gehalten. Wir hatten einmal ein Foto von Dünen im White Sands National Monument, die wie Schnee aussahen. Wir hofften, unsere Leser würden Spaß an diesem visuellen Verwirrspiel haben.

Frühling wird allgemein assoziiert mit den Pastellfarben von Rosa, Lavendel, blassem Gelb und Gelbgrün, den Farben von aufblühenden Knospen und Pflanzen. Wie harmonische Farben sind Pastellfarben gefühlsmäßig ansprechend und haben eine ruhigere Wirkung. Man kann mit ihnen daher gut leben.

Eine pastellfarbene Wiedergabe wird auch durch manche Filmtypen unterstrichen, vor allem durch hochlichtempfindliche Filme.

Sanddünen, Death Valley, Kalifornien.
Zoomobjektiv 200–400 mm in 400-mm-Stellung, Blende 16, 1/2 Sek., Fujichrome Velvia

Polarfuchs, Ellesmere Island, Kanada. Objektiv 2,8/300 mm, Blende 5,6, 1/60 Sek., Kodachrome 64

Monochrome Bilder

Der Einsatz gleichartiger oder monochromer Farben ergibt die subtilste Aussage überhaupt. Wie in der Schwarzweißfotografie wird das Auge dabei nicht durch konkurrierende Farben abgelenkt. Statt dessen geben monochrome Bilder anderen Bildelementen die Möglichkeit, hervorzutreten – Elementen, die man andernfalls nicht bemerkt hätte. Bei dem Foto des Polarbären gibt es ein schönes Spiel von dreieckigen Formen mit den Konturen des Bärenkopfes und dem schwarzen Dreieck, das aus der Nase und den beiden Augen gebildet wird. Wir werden zu den ausdrucksvollen Augen des Bären hingezogen.

Das Foto der Seerosenblätter ist elegant in seiner Einfachheit – eine Studie von geschwungenen Linien und Formen. Die Kieselsteine dagegen sind eine Studie von Nuancen – subtile Variationen von Struktur, Formen und Tönen. Das allgegenwärtige Grün in den Kiefernnadeln erlaubt es, uns dem Rhythmus von Strukturen und gebogenen Formen hinzugeben. Starke Farben in jedem dieser Fotos wären wie ein schiefer Ton, wie ein Mißklang.

LINKE SEITE: *Eisbär, Churchill, Manitoba, Kanada.*
Zoomobjektiv 200–400 mm in 400-mm-Stellung, Blende 11, 1/15 Sek., Fujichrome Velvia

OBEN: *Rundgeschliffene Steine am Strand, Icy Bay, Alaska.*
55-mm-Makroobjektiv, Blende 16, 1/15 Sek., Fujichrome Velvia

OBEN RECHTS: *Seerosenblätter, Chichagof-Insel, Alaska.*
Zoomobjektiv 200–400 mm in 400-mm-Stellung, Blende 11, 1/30 Sek., Fujichrome 50

LINKS: *Kiefern im Chianti-Gebiet, Toskana, Italien.*
Zoomobjektiv 200-400 mm in 400-mm-Stellung, Blende 11, 1/8 Sek., Fujichrome Velvia

5

DIE ELEMENTE DER BILDGESTALTUNG

Natur ist kein Chaos. Sie ist voller Rhythmen, Muster, funktioneller Konstruktionen und Strukturen. Je mehr Sie sie erforschen und beobachten, desto mehr werden Sie entdekken. Das anmutige, spiralförmig gewundene Muster der Nautilusschale ist das bekannteste Beispiel für die außergewöhnliche Konstruktionsfähigkeit der Natur. Spinnweben, Kolibrinester, Honigwaben, Pfauenfedern, die Barten von Walen, Ahornsamen und eine Weizenähre sind einige weitere Beispiele, bei denen sich die Form von der Funktion ableitet.

Die Elemente der Bildgestaltung sind, zusammen mit der Farbe, die visuellen Bausteine, mit denen jeder Künstler oder Fotograf arbeitet, um seine Bildaussage zu erreichen. Linien, Formen, Strukturen und Muster, all dies muß beim Blick durch den Sucher sorgfältig arrangiert werden.

In der Naturfotografie sind, abgesehen vom Horizont, gerade Linien selten. Sie erscheinen von Menschenhand geschaffen, architektonisch und rufen den Eindruck des »Unnatürlichen« hervor. Linien und Formen haben wie die Farbe auch einen psychologischen Charakter. Kühne Formen erzeugen kühne Bilder. Rechteckige Konturen sind dynamischer und augenfälliger als runde, weiche Formen, wahrscheinlich aufgrund unserer Assoziation mit Schärfe und Steilheit.

Wellenförmig geschwungene Linien und Formen vermitteln Sinnlichkeit und einen fließenden Eindruck. Diagonale sprechen uns stärker an als waagerechte oder senkrechte Linien. Sie unterteilen den Bildausschnitt und scheinen uns irgendwohin bringen zu wollen – nach oben, nach unten –, jedenfalls aus dem Bild heraus. Sie erzeugen Bewegung und Unausgewogenheit.

Manchmal wird die Beziehung von einem Objekt zum anderen auf einer abstrakten Ebene wahrgenommen, so wie der amerikanische Graureiher in Kapitel 2 aus dem Bild herausblickt. Seine Blickrichtung erzeugt eine Linie, die uns aus dem Bild herausführt. In dem Porträt des ruhenden Polarbären vermitteln uns die drei dunklen Punkte seiner Augen und seiner Nase eine subtile dreieckige Form. Wir wissen, daß zwei Punkte durch eine Linie miteinander verbunden werden können. Auch wenn sie nicht sichtbar ist, stellen wir im Geiste diese Verbindung her.

Die Kraft der Linie

Wenn Farben die Kraft haben, unsere Gefühle anzusprechen, haben Linien die Kraft, unser Auge innerhalb des Bildausschnitts zu führen. Wenn Sie die beiden Bilder von Art mit den Zweigen in dem Teich im Hunza-Tal auf Seite 59 betrachten, konkurriert die Uferlinie mit den Zweigen um Dominanz. Sie will das Auge von den Zweigen wegziehen. Wenn die Uferlinie wegfällt, können wir die Stimmungen in diesem trügerisch einfachen, Zen-ähnlichen Bild auf uns wirken lassen.

Obwohl das kreisförmige Zweiggewirr selbst eine starke Form hat, tritt im oberen Bild die Linie mit ihm in Wettbewerb und gewinnt, wie ich meine, die Oberhand. Sie trägt das Auge aus dem Bild heraus und hat letztlich eine störende Wirkung.

Im zweiten Foto ist die Harmonie wiederhergestellt. Wir können die Struktur der Zweige gegen die weiche, kühle Wasserfläche und das Wechselspiel der Wirklichkeit und der Reflexion zwischen der zweidimensionalen Oberfläche und dem dreidimensionalen Raum förmlich spüren. Die Reflexion des Himmels in der Wasseroberfläche erzeugt einen fast gegenstandslosen Effekt.

In der künstlerischen Tradition unserer Kultur dominiert das Rechteck. Wir leben in einer Welt, die von Horizontalen und Vertikalen bestimmt wird. Die Bilder (und Gebäude), die wir erzeugen, haben gewöhnlich eine rechteckige Form. Diese Form diktiert uns automatisch zwei Waagrechte und zwei Senkrechte. Und wir akzeptieren diese Parallelität unbewußt, da sie unserem normalen Sehempfinden entspricht.

Zweige im Wasser, Hunza-Tal, Pakistan. Zoomobjektiv 80–200 mm in 80-mm-Stellung, Blende 11, 1/25 Sek., Fujichrome 50

Zweige im Wasser, Hunza-Tal, Pakistan. Zoomobjektiv 80–200 mm in 200-mm-Stellung, Blende 11, 1/25 Sek., Fujichrome 50

Andere Kulturen haben abweichende visuelle Traditionen. R. L. Gregory bemerkt in seinem provokativen Buch *Auge und Gehirn*, daß die Zulu in runden Hütten leben, ihre Felder in gebogenen Linien pflügen und bei ihrem Hab und Gut nur ganz wenige gerade Linien vorkommen. Wenn sie mit Formen optischer Illusionen konfrontiert werden, die auf Winkeln und Linien basieren, sehen sie diese einfach nicht. Stämme, die im dichten Urwald Zentralafrikas leben, haben Schwierigkeiten, entfernte Objekte zu beurteilen, da sie Dinge nie weit entfernt sehen. Ihnen erscheinen solche Objekte wie Miniaturausführungen von Gegenständen, die ihnen vertraut sind.

Für diejenigen von uns, die in der Tradition der westlichen Kultur aufgewachsen sind, sind Linien die wichtigste Methode, Entfernungen anzuzeigen oder auch zurücktretenden Raum innerhalb eines Bildes. Die

Linearperspektive mit ihrem Fluchtpunkt zur Erzeugung eines dreidimensionalen Raums wurde in der Renaissance entdeckt. Leonardo da Vinci (1452–1519) beschrieb sie als »Zaumzeug und Richtschnur« der Malerei. Vor dieser Entdeckung mußte Räumlichkeit durch die Beziehung von unterschiedlich großen Gegenständen zueinander erzeugt werden. Eine größere Person wurde dann als solche wahrgenommen, wenn sie vor einer kleineren stand.

In der orientalischen Kunst, die nicht den Fluchtpunkt verwendete, wurde räumliche Tiefe auf andere Weise angezeigt. Wenn Sie ein orientalisches Gemälde betrachten (vor dem 20. Jahrhundert entstanden), haben Sie das Gefühl, ein Vogel zu sein, der über der Szene schwebt und sie von oben betrachtet, etwa so, wie wir das in der Luftaufnahme vom Ayers Rock empfinden. In der orientalischen Perspektive laufen Linien parallel statt konvergierend. Tiefe wird, wie in dem Foto vom Ayers Rock, durch eine geneigte Position des Motivs erzeugt. Mauern, Personen und Gegenstände bleiben oft in der gleichen Größe in Relation zueinander. Gewöhnlich gibt es überhaupt keine Horizontlinie, obwohl es gelegentlich eine Referenz zu einer weit entfernten Küstenlinie oder einem Berg gibt.

Dreidimensionaler Raum wird auch durch Leere vermittelt. So können einige Gegenstände im Vordergrund stehen und der Hintergrund nur angedeutet sein. Die ungefüllten Flächen des Bildraums werden dazu benutzt, eine Illusion von dazwischentretendem Raum oder der dritten Dimension zu erzeugen.

Raum, so wie wir ihn kennen und täglich erleben, ist dreidimensional. Ein Foto oder ein Gemälde ist eine flache Oberfläche, und in den meisten Fällen können wir ein Foto betrachten und uns selbst in die Position des Fotografen versetzen. Wir treten unmittelbar in diese Vision, als wenn sie unsere eigene wäre, so wie sie auch von der Kamera registriert wird.

Die Kamera sieht die gleiche perspektivische Illusion wie wir selbst. Senkrechte und waagerechte Linien, die zurücktreten, werden kürzer und scheinen zusammenzulaufen. Denken Sie an Eisenbahnschienen oder Zaunpfähle entlang einer Straße. Ebenso werden Formen, die zurücktreten, blasser, da die dazwischenliegende Atmosphäre unsere Fähigkeit, die Formen klar zu sehen, beeinträchtigt. Denken Sie an Bergketten, die hintereinander liegen. Unsere Erfahrung bringt uns dazu, diese Illusion als räumliche Tiefe zu interpretieren.

Der Horizont ist selbstverständlich die stärkste Horizontale, die wir aus unserem täglichen Leben kennen. Und da wir wissen, daß wir mit der Erdoberfläche durch die Schwerkraft verwurzelt sind und uns deshalb rechtwinklig zum Horizont befinden, tendieren wir dazu, auch andere aufrechte Gegenstände als rechtwinklig zu betrachten. Um Fotos mit schiefen Geraden zu vermeiden, kann eine Einstellscheibe mit Gittereinteilung eine große Hilfe sein.

Ayers Rock, Nördliches Territorium, Australien. 55-mm-Makroobjektiv, Blende 2,8, 1/60 Sek., Fujichrome 50

OBEN LINKS:
Segelboote bei Sonnenuntergang, Golf von Kalifornien, Mexiko. Zoomobjektiv 200–400 mm in 400-mm-Stellung, Blende 8, 1/8 Sek., Fujichrome Velvia

OBEN RECHTS:
Segelboote bei Sonnenuntergang, Golf von Kalifornien, Mexiko. Zoomobjektiv 200–400 mm in 400-mm-Stellung, Blende 8, 1/8 Sek., Fujichrome Velvia

RECHTS:
Segelboote bei Sonnenuntergang, Golf von Kalifornien, Mexiko. Zoomobjektiv 200-400 mm in 400-mm-Stellung, Blende 8, 1/8 Sek., Fujichrome Velvia

Der Horizont und seine Auswirkung auf die Tiefe

AW In diesen drei Bildern sehen wir Segelboote in Baja California, die ich kurz hintereinander fotografiert habe. Ich habe diese Fotos bewußt so aufgenommen, um zu zeigen, wie sich das Verlagern des Horizonts aus der Mitte heraus auswirkt. Ich ziehe keines der Fotos dem anderen vor.

MH Tatsächlich ist jedes der Fotos zur Veröffentlichung geeignet, und jedes liefert eine etwas andere Bildaussage. Auch wenn die Boote in allen drei Bildern gleich groß sind, scheinen sie im ersten durch den leeren Vordergrund und die hohe Horizontlinie, die uns in den Bildraum hineinzieht, weiter entfernt zu sein. Mir hat jedoch der unscharfe Vordergrund zu wenig Bedeutung, und die Masten der Boote sind mir zu dicht am Bildrand plaziert, was eine Unausgewogenheit der Bildelemente vermittelt.

Der Horizont in der Bildmitte liefert eine sehr ansprechende Szene, still und ein wenig statisch, was vielleicht gerade die Stimmung sein mag, die Sie in einem solchen Foto vermitteln möchten – alles ausgewogen, alles friedlich.

In der dritten Variante wird der Himmel zum dominierenden Teil des Bildraums, er fügt Dramatik und Struktur hinzu. Es gibt ein schönes Spiel von linienförmigen Mustern in den Farben von Wasser, Himmel und Bergen. Ohne den leeren Vordergrund erscheinen die Segelboote tatsächlich näher als in der ersten Aufnahme. Ich ziehe die Gewichtung der Bildelemente hier der in den anderen Bildern vor.

Da die Horizontlinie so gerade ist, zerschneidet sie das Bild in abgegrenzte Teile und verlangt eine Entscheidung, was betont werden soll.

AW Wenn zwei Elemente sich in Balance halten, entscheide ich meist, den Horizont in die Bildmitte zu legen oder die senkrechte Trennlinie in der Mitte zu plazieren, um Ausgewogenheit zu erreichen. In dem Foto von den Flamingos, aufgenommen auf den Galapagosinseln, habe ich den Vögeln und ihren Spiegelbildern gleiches Gewicht gegeben.

MH Die wichtige Mittellinie ist hier nicht die tatsächliche Horizontlinie oder Küstenlinie, sondern die Linie, die die Vögel und ihre Spiegelungen voneinander trennt. Wie bei einem psychologischen Rorschach-Tintentest hat Art eine symmetrische Komposition angestrebt, indem er das Spiegelbild in der Mitte angeordnet hat.

Was in diesem Bild die vollständige Statik verhindert, ist die ungleichmäßige Verteilung der Vögel. Diese Spannung erzeugt das visuelle Interesse in diesem Foto.

Allgemein hat die Horizontlinie den Charakter von Stärke und Stabilität. Sie dominiert die Komposition und verlangt danach, gerade zu sein. Sie zu neigen wirkt verwirrend auf den Betrachter. Ich habe als Bildredakteurin oft genug Bilder zurückgewiesen, in denen der Horizont leicht geneigt war.

Rote Flamingos in einem See, Galapagosinseln, Ecuador. Objektiv 2,8/280 mm, Blende 11, 1/30 Sek., Kodachrome 64

OBEN UND GEGENÜBERLIEGENDE SEITE: *Punchbowl Falls, Columbia River Gorge, Oregon.* 28-mm-Objektiv, Blende 16, 1 Sek., Kodachrome 64

Der Horizont außerhalb der Mitte

AW Wenn Sie den Horizont aus der Bildmitte verlagern, erzeugen Sie ein stärkeres Gefühl von Tiefe und Dynamik. Wenn Sie das Hauptmotiv genau in der Bildmitte plazieren, können Sie das Bild verflachen und eine abstrakte Aussage erzielen. Dies ist oft nicht der gewünschte Effekt. Nehmen Sie das Beispiel des Wasserfalls im Columbia River Gorge in Oregon. In der Mitte erscheint er zweidimensional. Im zweiten Bild liegt der Wasserfall im oberen Drittel der Komposition, und das Auge wandert automatisch von unten nach oben zum Wasserfall. Schon eine geringfügige Veränderung des Blickwinkels kann also große Wirkung zeigen und läßt sich ohne Objektivwechsel erzielen.

MH Die Anordnung des Wasserfalls höher im Bildausschnitt erzeugt ein Gefühl der Tiefe, da der Betrachter in den Bildraum hineingezogen wird. Da das Auge tief in das Bild bis zum Wasserfall wandert, haben wir das Gefühl, diese Szene selbst zu entdecken. Die Version mit der niedrigeren Anordnung des Wasserfalls mag die normale Perspektive bzw. den gewohnten Fluchtpunkt darstellen, doch fehlt dem Bild das gesteigerte Gefühl des Entdeckens wie im zweiten Beispiel.

Der Horizont ist natürlicherweise waagerecht. Eingeschlossen in einen waagerechten Rahmen scheint sich seine Energie seitwärts auszudehnen. Wenn eine Landschaft mit Horizont im Hochformat fotografiert wird, eröffnen sich interessante Möglichkeiten. Die Aufmerksamkeit des Betrachters wird leichter zum oberen oder unteren Bereich gelenkt, je nachdem, wo der Horizont plaziert wurde. Bestimmte hohe Elemente, wie etwa Bäume, verlangen oft danach, im Hochformat aufgenommen zu werden, damit sie ihre wahre Größe und Majestät entfalten.

Tafelförmiger Eisberg, Commonwealth Bay, Antarktis.
560 mm Brennweite (Zoomobjektiv 200–400 mm in 400-mm-Stellung plus 1,4fach Konverter), Blende 5,6, 1/25 Sek., Fujichrome 50

AW Bei der Gestaltung dieses Fotos mit dem extrem weit unten im Bildausschnitt plazierten Eisberg habe ich bewußt versucht, die Aufmerksamkeit auf das Licht und die enorme Größe des Eisbergs selbst zu lenken.

MH Alles in diesem Foto ist dramatisch – das Licht, die extrem niedrige Anordnung des Horizonts, die sauberen, starken Flächen der matten Farben. Die einzige Struktur überhaupt findet sich in dem brillant beleuchteten Eisberg, der durch das Streiflicht der tiefstehenden Sonne wie durch einen Spotscheinwerfer angestrahlt wirkt. Wir haben keine Vorstellung von den Größenverhältnissen, abgesehen von der niedrigen Plazierung, die mehr Gewicht auf den Himmel als riesiges monochromes Nichts legt. Dies verstärkt das Gefühl von Leere und Weite und ist damit ein weiteres Beispiel dafür, wie der Fotograf das visuelle Gewicht innerhalb eines Bildes bestimmen kann. Das Meer ist ein dünner, dunkler Streifen am unteren Bildrand. Obwohl der Eisberg weit entfernt ist, müssen wir nicht tief in das Bild eindringen. Er kommt uns förmlich entgegen.

Kein Horizont: Luftperspektive

AW Oft waren meine erfolgreichsten Fotos die, die ich von der Luft aus aufgenommen habe. Elemente der Natur, die wir jeden Tag aus Augenhöhe sehen, erscheinen uns selbstverständlich. Wenn wir sie aber von der Luft aus betrachten, nehmen sie eine neue Gestalt an, und dies kann zu einer dynamischeren Komposition führen. Vom Boden aus gesehen wirkt alles vertraut auf uns. Von der Luft aus gesehen entsteht ein neuer Eindruck. Mit einem Mal sehen wir Muster, wie bei dem Foto mit der Wapitiherde, oder Formen, wie in dem Bild des Ayers Rock.

GANZ LINKS:
Ayers Rock, Nördliches Territorium, Australien.
55-mm-Makroobjektiv, Blende 2,8, 1/60 Sek., Fujichrome 50

LINKS:
Six Shooter Peak, Canyonlands National Park, Utah.
Objektiv 2,8/135 mm, Blende 5,6, 1/125 Sek., Kodachrome 64

UNTEN:
Wapitihirsche, National Elk Range, Jackson, Wyoming.
Objektiv 2,8/135 mm, Blende 5,6, 1/125 Sek., Fujichrome 50

MH Ohne Horizontlinie, die den Bildraum trennt und die Energie entlang ihrer Achse seitlich verteilt, wird eine Luftaufnahme zu einem Muster von Elementen wie Licht, Linie und Strukturen. Der Raum wird nicht durch den Horizont begrenzt und erscheint unendlich weit. Ohne Horizont, an dem wir die Entfernung abschätzen können, suchen wir nach anderen Elementen, die uns als Hinweis auf die Raumverhältnisse dienen könnten. In den Aufnahmen vom Ayers Rock und den Canyonlands erzeugt Licht ein Relief mit Strukturen. Die helleren Landformen treten im Bildraum nach vorn, die dunkleren Schatten dagegen zurück. Die dreieckigen Formen in den Bildern vom Ayers Rock und den Canyonlands bringen Dynamik in die Komposition, und die diagonalen Linien tragen ebenfalls dazu bei, uns in den Bildraum zurückzutragen.

Das Wapitifoto ist eines meiner Favoriten, und als ich noch für das Magazin arbeitete, bewahrte ich es als ein mögliches Titelbild auf. Ich liebe die Art und Weise, wie es unsere Wahrnehmung verwirrt. Vom Boden aus betrachtet, nehmen wir den Schatten als etwas Nebensächliches wahr im Vergleich zu dem Objekt, das den Schatten wirft, und wir sind es gewohnt, den Schatten am Boden liegen zu sehen, da das Licht gewöhnlich von oben kommt.

Beachten Sie, was von der Luft aus betrachtet geschieht. In dem Foto des Wapitirudels sind es die ungewöhnlichen Formen der Schatten, die unsere Aufmerksamkeit als erstes erregen, noch vor den Tieren selbst. Die Schatten sind große, dynamische, flache Farbfelder und das dominierende rhythmische Element. Wie die Schatten der Puppen im Schattentheater ragen sie bedrohlich empor, überlebensgroß, und erheben sich über die Tiere hinweg, statt unterhalb von ihnen zu liegen.

Zurücktretende Linien und Formen

AW Bei der Aufnahme der Karstberge in Guilin in China wollte ich deren Muster hervorheben. Da sie eine so ungewöhnliche Form haben, individuelle Höcker statt langgezogene Ketten, wollte ich diesen Charakter im Bild zeigen. Ich verwendete mein Zoomobjektiv, um einen Ausschnitt herauszupicken, der meiner Meinung nach die stärkste Aussage vermittelte.

Die zweite Aufnahme entstand nur wenige Minuten von meinem Wohnsitz in Seattle entfernt. Ich wuchs in dieser Gegend auf, und als Junge liebte ich diesen Weg mit den Nordamerikanischen Erdbeerbäumen besonders. Ich kehrte 20 Jahre später zurück, um ihn zu fotografieren.

Karstberge, Guilin, China. Zoomobjektiv 80–200 mm in 200-mm-Stellung, Blende 11, 1/60 Sek., Fujichrome 50

Nordamerikanische Erdbeerbäume im Nebel, Washington. 50-mm-Objektiv, Blende 16, 1/8 Sek., Kodachrome 25

MH Räumlich gesehen, stehen unserer Erfahrung nach helle Objekte vor dunklen. Wenn wir es mit Atmosphäre wie etwa Nebel zu tun haben, ist es umgekehrt. Unsere Erfahrung sagt uns, daß Dunkles nicht so weit von uns entfernt ist wie Helles, wie in der Bergszene. Wir empfinden dies von unserer Wahrnehmung her, da atmosphärischer Dunst dazwischentritt und die entfernten Berge blasser und weniger konkret erscheinen läßt. Man spricht dabei von atmosphärischer oder Luftperspektive.

Ebenso empfinden wir scharfe Konturen als nah und verschwommene als weit weg, wie bei den Bäumen im Nebel, was im Gegensatz zur normalen Wahrnehmung steht, bei der wir entfernte Objekte ebenfalls scharf erkennen. Der Eindruck von Raum in beiden Bildern wird eindeutig durch den Nebel verstärkt. Die Formen sind stärker erkennbar, wenn sie nicht durch Details beeinträchtigt werden. Ohne Blattwerk treten die Baumstämme stärker hervor. Da der Nebel Dinge der Wahrnehmung entzieht, erzeugt Nebel mehr als andere atmosphärische Erscheinungen Stimmung und ein Gefühl des Geheimnisses.

Räumlichkeit durch Linien

AW So wie sich durch den Horizont Tiefe erzeugen läßt, kann dies sehr effektiv auch durch Linien erreicht werden. In der ersten Komposition sehen wir einen Fluß, der sich diagonal durch den Schnee einen Weg bahnt. Dadurch, daß er nach hinten zu schmaler wird, wissen wir, daß er dort weiter von uns entfernt ist. Beim zweiten Bild haben wir einen Tangwedel im Gegenlicht, dessen Schatten das Auge ins Bild hineinführen. Das dritte Foto zeigt einen Weg in der Toskana. Die Linien des Wegs kommen darin von beiden Seiten am unteren Bildrand und dirigieren das Auge nach unten in die Tiefe des fernen Weges. Die Linien der Äste biegen sich über den Weg und treten ebenfalls innerhalb des Raumes zurück, wobei sie den Betrachter tief in das Bild hineinführen.

MH In dem Foto des Flusses wird unser Auge, wie von Art erwähnt, auf natürliche Weise durch die schrägen und sich verjüngenden Diagonalen zurückgetragen. Es ist eine dynamischere Szene als die mit dem Weg mit einem klassischen Fluchtpunkt. Beachten Sie, wie uns die mittige Anordnung des in der Ferne verschwindenden Weges stärker als in dem Flußfoto in das Bild führt. Die schützenden Äste bilden eine Art Tunnel für Reisende und erzeugen ein Gefühl von Sicherheit und Ruhe. In dem Tangfoto würde der helle Fleck normalerweise nach vorn treten. Statt dessen führt uns die Schattenlinie zurück in den Bildraum zum Tang, was ein Gefühl von Tiefe vermittelt.

Kiefernallee in Italien. Zoomobjektiv 80–200 mm in 200-mm-Stellung, Blende 22, 1/4 Sek., Fujichrome 50

LINKE SEITE OBEN: *Fluß im Winter, Yellowstone National Park, Wyoming.* 20-mm-Objektiv, Blende 22, 1 Sek., Kodachrome 64

LINKE SEITE UNTEN: *Tang am Strand, Küste in Washington.* 28-mm-Objektiv, Blende 22, 1/8 Sek., Kodachrome 64

Dynamik durch Diagonalen

MH Diagonalen erzeugen Spannung, ein Gefühl des Unerwarteten. Trotzdem gibt es in der Natur einige Diagonalen, die man einfach voraussetzt, wie etwa bei Bergen und Tälern. Da wir sie jedoch in rechteckige Rahmen setzen, scheint ihre Energie dieser Eingrenzung entkommen zu wollen. Wellenlinien, Zickzacklinien, von einem Punkt wegstrebende Linien, all diese Arten von in der Natur vorkommenden Linien vermitteln Energie und Bewegung.

Nachtfalter auf Blatt, Washington.
55-mm-Makroobjektiv, Blende 16, 1/60 Sek. mit Blitz, Fujichrome Velvia

Brooks-Gebiet, Arctic National Wildlife Refuge, Alaska.
Zoomobjektiv 200–400 mm in 200-mm-Stellung, Blende 11, 1/15 Sek., Fujichrome 50

Gletscherspalten, Southern Alps, Neuseeland. Objektiv 2,8/ 300 mm, Blende 11, 1/15 Sek., Kodachrome 64

Giraffe, Samburu National Park, Kenia. Zoomobjektiv 200–400 mm in 400-mm-Stellung, Blende 8, 1/60 Sek., Fujichrome 100

Linienarten

MH Wie vorher bereits festgestellt, werden Linien häufig von dem Kontrast zwischen Hell und Dunkel erzeugt, durch die Kanten von Formen, die durch Farben oder Tonwerte differenziert werden. Linien haben auch einen bestimmten Charakter. Sie können das Hauptelement in der Bildgestaltung sein, wie bei dem Fell von Zebras oder Giraffen oder wie in den Perlenketten von Tau auf dem Spinnennetz. Als Abstraktion laden sie uns förmlich dazu ein, ihren eigenen Rhythmus zu genießen und das Motiv selbst zu vernachlässigen.

Arts Aufnahme von den Palmenstämmen in Molokai finde ich wundervoll. Normalerweise kann man nicht widerstehen, die Palmwedel mit einzubeziehen; da er sie jedoch weggelassen hat, ist ein eindrucksvolles Bild entstanden. Die Linien der Stämme zerteilen das Foto von oben nach unten, wobei ein zweidimensionales Muster entsteht. Es zwingt den Betrachter förmlich dazu, sich die Frage zu stellen, was er eigentlich sieht. Trotzdem empfinden wir ein Gefühl der Tiefe durch die Variation der Tonwerte im Hintergrund, ähnlich wie bei dem abgestorbenen Baum im Yellowstone National Park, den wir zu Anfang des Buches gesehen haben.

Im Gegensatz zu dem zweidimensionalen Muster der Giraffe und dem Spinnennetz tragen uns die Zickzacklinien der Sanddünen ganz nach hinten zu der Spitze der entfernten Düne.

OBEN LINKS: *Tautropfen an einem Spinngewebe, Washington.* 55-mm-Makroobjektiv, Blende 16, 1/2 Sek., Kodachrome 64

Stämme von Königspalmen, Molokai, Hawaii. Objektiv 2,8/300 mm, Blende 8, 1/8 Sek., Kodachrome 64

Sanddünen, Death Valley, Kalifornien. 20-mm-Objektiv, Blende 22, 1 Sek., Fujichrome Velvia

Steppenzebra, Serengeti, Kenia. Zoomobjektiv 200–400 mm in 400-mm-Stellung, Blende 5,6, 1/60 Sek., Fujichrome 100

Baßtölpel-Kolonie, Neufundland, Kanada.
Zoomobjektiv 200–400 mm in 400-mm-Stellung, Blende 16, 1/15 Sek., Fujichrome 100

Baßtölpel-Kolonie, Neufundland, Kanada.
Zoomobjektiv 200–400 mm in 400-mm-Stellung, Blende 16, 1/15 Sek., Fujichrome 100

Muster und Strukturen

MH Muster sind Wiederholungen von Formen, die in einem bestimmten Rhythmus angeordnet sind. Strukturen sind oft Muster in verkleinerter Form, haben aber die zusätzliche Dimension einer fühlbaren Qualität. In dem Foto der Sanddüne haben wir ein Muster von Zickzacklinien gesehen, aber ebenso, wie wir im nächsten Kapitel erfahren werden, die dreidimensionale Struktur, die durch das Seitenlicht entsteht. Struktur allein gibt Bildern etwas Fühlbares und läßt uns zusätzlich spüren, was wir sehen. Sowohl Muster als auch Strukturen bringen eine visuelle Variante ins Spiel und kommen in der Natur reichlich vor, wenn man sich nur die Mühe macht, danach zu schauen.

Die stärksten Muster sind geometrische Formen, wie zum Beispiel Kreise, Quadrate und Dreiecke. Diese treten in der Natur jedoch nur selten auf. Sonne und Mond sind Kreise, und in Arts Foto der Sonne und dem Nadelbaum haben wir ein ansprechendes Beispiel von einem Kreis, ausgewogen komponiert mit den starken dreieckigen Formen des Nadelbaums. Dreiecke sind wie Diagonalen dynamisch, viel stärker als Quadrate oder Rechtecke. Eine ungerade Zahl von Gegenständen ist in einer Komposition ebenfalls dynamischer. Ein Bild von drei Felsbrocken wird wahrscheinlich dynamischer wirken als eines mit zwei oder vier Steinen. Das liegt vermutlich daran, daß die Gleichmäßigkeit die rechteckige Form des Bildes widerspiegelt. Ungerades hebt die Ruhe deshalb eher auf.

Muster können abstrakte Kompositionen liefern. Abstrakte Gestaltung ist Gestaltung um ihrer selbst willen. Das Motiv selbst hat dabei seine gewohnte Bedeutung verloren. Diese Art von Muster wird besonders häufig in der Makrofotografie erzeugt. Ein Foto ist ja eigentlich bloß ein flaches Stück Film, es muß nicht unbedingt die dreidimensionale Ausdehnung der Wirklichkeit repräsentieren.

AW Wenn Sie aufmerksam nach Mustern schauen und Sie einen bestimmten Ausschnitt haben, wie etwa bei der ersten Aufnahme von Baßtölpeln, der nicht vollständig ausgewogen ist, wird die Struktur abgeschwächt. Die Fläche ist nicht bis in alle vier Ecken ausgefüllt. Das erste Foto der Baßtölpelkolonie ist nur eine ziemlich lockere Anordnung von Vögeln, eine starke Wiederholung von Formen gibt es jedoch nicht. Im zweiten Bild ist jedes Element so wichtig wie das nächste, dadurch entsteht eine abstrakte Komposition.

MH Dies ist keine abstrakte Gestaltung in dem Sinne, daß wir das Motiv nicht mehr erkennen, sondern weil das Muster selbst zum Motiv geworden ist. Die Bestandteile des Musters sind oft von sekundärer Bedeutung. Die Wiederholung und der von ihnen erzeugte Rhythmus sind es, die das Bild dynamisch machen.

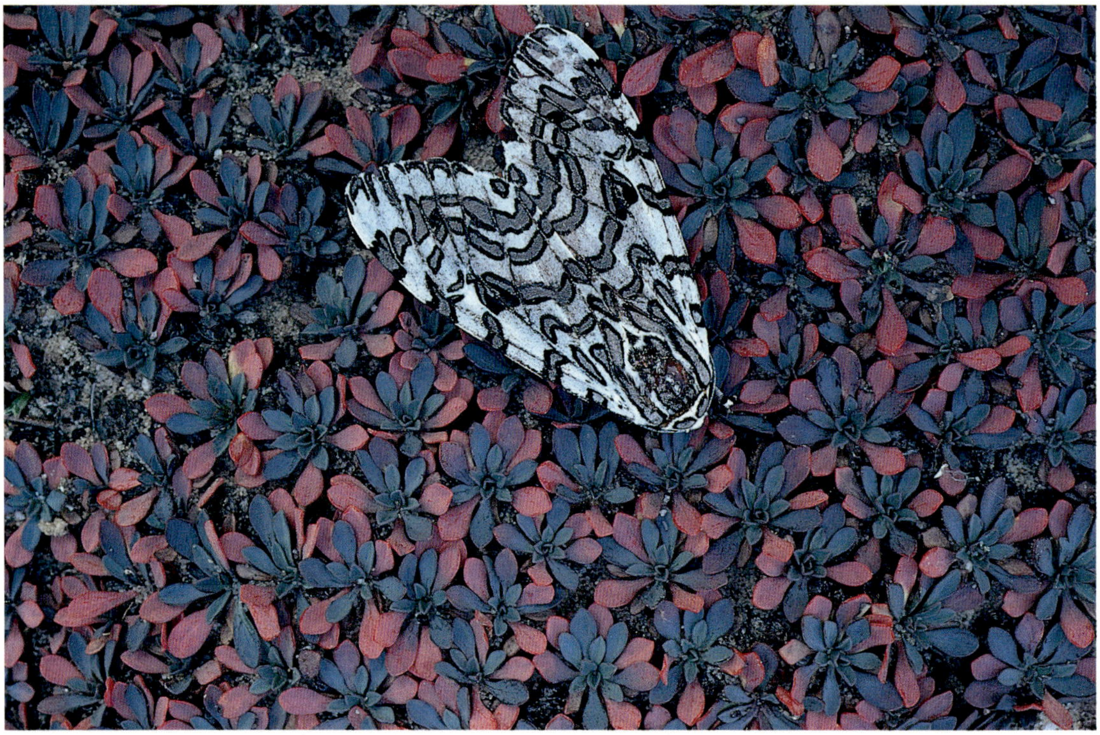

Bärenspinner auf Bodenwuchs, Zion National Park, Utah. 55-mm-Makroobjektiv, Blende 11, 1/15 Sek., Kodachrome 64

Stachelmakrelen, Crystal River, Florida. Nikonos mit 20-mm-Objektiv, Blende 4, 1/30 Sek., Fujichrome 100

AW In all diesen Fotos war es das Muster, von dem ich unabhängig vom Gegenstand angezogen wurde.

MH Die Fotos vom Nachtfalter und von den Fischen liefern zwar weniger abstrakte Muster als die Nahaufnahmen der Blätter im Rauhreif und der Federn, erlauben aber trotzdem interessante Kompositionen. Der Fischschwarm strahlt Energie aus, wie er aus dem Bild heraus auf den Betrachter zukommt. Die rauhreifüberzogenen Blätter sind eine elegante Studie von Farbe, Muster und Struktur, die durch den Kontrast gebildet werden. Die Feder ist keine Feder mehr, sondern reines zweidimensionales Muster.

Blätter der Gemeinen Mahonie mit Rauhreif, Washington. 55-mm-Makroobjektiv, Blende 16, 1/8 Sek., Fujichrome 100

Fasanenfedern. 55-mm-Makroobjektiv, Blende 16, 1/60 Sek., mit Blitz, Fujichrome 100

Tarnungen

AW Eines meiner Lieblingsthemen sind Tarnungen von Tieren, die durch ihr Muster unsichtbar sind. Es macht den Leuten Spaß, sie im Bild zu entdecken. Ein Moment der Überraschung und die Ungewöhnlichkeit der Motive lassen starke Fotos entstehen.

MH Bis jetzt haben wir über sichtbare Muster gesprochen. Tarnung ist das unsichtbare Muster der Natur – schützende Färbung, die Beutetiere vor Raubtieren verbirgt. Tiere weisen häufig Farbmuster auf, die mit der Farbe ihrer gewohnten Umgebung verschmelzen. Schneehühner und Hasen in der Arktis sind weiß, damit sie sich im Schnee vor Polarfüchsen verstecken können. Wenn Sie erst einmal die Belichtung im Griff haben, sollte ein weißes Motiv vor einem weißen Hintergrund kein Problem sein.

Nachtfalter sind im allgemeinen Nachtflieger und müssen sich zum Schutz der Vegetation oder Rinden anpassen, damit sie für die scharfsichtigen Augen von Raubtieren unsichtbar sind, wenn sie während der Tagesstunden ruhen. Die Tarnung ist ein reizvolles Thema für einen Beitrag in einem Fotomagazin und eine echte Herausforderung für die detektivischen Fähigkeiten eines jeden Naturfotografen.

Nachtfalter auf flechtenbewachsener Kiefernrinde, Hog Island, Maine.
55-mm-Makroobjektiv,
Blende 16, 1/8 Sek.,
Fujichrome 100

Blattfrösche, Salomoninseln.
55-mm-Makroobjektiv,
Blende 11, 1/15 Sek.,
Fujichrome Velvia

Alpenschneehuhn, Mount Rainier National Park, Washington. Zoomobjektiv 200–400 mm in 200-mm-Stellung, Blende 5,6, 1/30 Sek., Fujichrome 100

Serval, Mara-Fluß, Serengeti, Kenia. Zoomobjektiv 200–400 mm in 300-mm-Stellung, Blende 4, 1/60 Sek., Fujichrome 100

Strukturen

AW Struktur ist, so wie Muster und Linie, nur ein Element des Designs. Das heißt nicht, daß Sie losziehen und sagen: »Heute fotografiere ich Beispiele für Strukturen, Muster oder Formen«, aber ich möchte auf jeden Fall empfehlen, ein Auge darauf zu haben. Solche Aufnahmen von Strukturen könnten auch Beispiele für Linien und Muster sein. Im ersten Foto sehen wir Moos auf einer Zypresse auf der Monterey Peninsula. Das Licht wird dem Motiv perfekt gerecht. An einem hellen, sonnigen Tag wäre der strukturelle Charakter abgeschwächt worden. Mir kam es in dem Foto auf die Muster in dem Moos an. Durch das 400-mm-Tele füllen die Moosbüschel die vier Ecken des Bildes aus. Das weiche Licht läßt eine subtilere Abstufung von Licht und Schatten entstehen. Der Tang am Strand bildet ein starkes Muster von glatten Blasen vor der Struktur des Blattes. Die Wiederholung der Formen der Blasen ergibt eine starke Abstraktion, und ich bin nahe herangegangen,

um Sand und andere überflüssige Elemente aus dem Bildausschnitt zu eliminieren.

Im dritten Bild (Seite 84) erzeugen die eingerollten Stücke der Rinde eines Erdbeerbaums ein Muster, das sehr natürlich in seiner Struktur ist, gleichzeitig aber auch eine Komposition von Licht und Linie bildet. Was mich daran anzog, war die glatte Struktur der beinahe hautähnlichen Oberfläche des Baums. Die Rinde schält sich und rollt sich wie Papier ein. Damit dieses Bild wirkt, ist weiches Licht Voraussetzung.

Den gefrorenen Wasserfall im Yellowstone National Park auf Seite 84 nahm ich an einem grauen Tag mit einem Telezoom auf, um alle Äste und Felsen zu eliminieren, die von der eigentlichen Struktur des Eises ablenken könnten. Alles Dunkle hätte ablenkend gewirkt. Ich wollte außerdem jeglichen Anhaltspunkt zum Größenvergleich vermeiden, damit der Betrachter ohne Ablenkung unmittelbar zu den Strukturen und Formen geführt wird.

MH Wie wir im nächsten Kapitel über Licht sehen werden, lassen sich Strukturen von unebenen Oberflächen am besten durch Streiflicht herausarbeiten. Es erzeugt Schatten in den Vertiefungen und läßt die erhabenen Bereiche hervortreten. Es ist der Kontrast von Licht und Schatten, durch den wir Formen dreidimensional sehen. Ebenso werden durch Kontraste selbst sehr feine Strukturen zu einem Relief.

Im Falle des Mooses ist Kontrast nötig, um die Struktur in diesem Foto erkennen zu lassen. In den anderen Fotos ist es gerade das Fehlen von intensivem Licht, das die fühlbare Qualität steigert. Bei der eingerollten Rinde des Erdbeerbaums werden die Farben durch das weiche, bedeckte Licht intensiviert. Der Kontrast wird durch die Farbabstufung erzeugt, nicht durch die Tonwerte.

Da der Tang eine glänzende Oberfläche aufweist, wäre helles Licht von Nachteil gewesen. Es hätte Überstrah-

Tang am Strand, Olympic National Park, Washington.
55-mm-Makroobjektiv,
Blende 16, 1 Sek.,
Fujichrome 100

LINKE SEITE:
Moosbehangene Zweige, Monterey Peninsula, Kalifornien.
Zoomobjektiv 200–400 mm in 400-mm-Stellung,
Blende 16, 1/15 Sek.,
Fujichrome Velvia

lungen erzeugt und die Fähigkeiten des Films überfordert. Der Vergleich glatter Formen auf einer rauhen Oberfläche vermittelt uns eine Struktur, die wir mit fast fühlbarem Genuß spüren können.

Wie Art erwähnt hat, war wieder weiches Licht erforderlich, um den gefrorenen Wasserfall erkennen zu lassen. Sie werden sich vielleicht fragen, wie wir zur gleichen Zeit über weiches Licht und Kontraste sprechen können. Das hängt mit der Lichtempfindlichkeit des Films zusammen, mit der wir uns im nächsten Kapitel beschäftigen wollen.

Rinde eines Nordamerikanischen Erdbeerbaums, Washington. 55-mm-Makroobjektiv, Blende 16, 1/2 Sek., Fujichrome Velvia

Gefrorener Wasserfall, Yellowstone National Park, Wyoming. Zoomobjektiv 200–400 mm in 400-mm-Stellung, Blende 11, 1/15 Sek., Fujichrome 100

DIE BEDEUTUNG DES LICHTS 6

Ohne Licht gäbe es keine Farbe. Und ohne Licht gäbe es auch keine Fotografie. Das Wort Fotografie stammt aus dem Griechischen und bedeutet soviel wie »mit Licht schreiben«.

In prähistorischen Zeiten konnten die Menschen sich nicht auf wissenschaftliche Erkenntnisse stützen, um natürliche Phänomene wie etwa den Regenbogen zu erklären. Auch wir haben erst durch Isaac Newtons Gebrauch des Prismas zur Zerlegung von weißem Licht davon erfahren. Licht ist eine Form elektromagnetischer Energie, die innerhalb des gesamten Spektrums von Frequenzen als Farbe in einem sehr schmalen Band sichtbar ist. Andere Wellenlängen wie Infrarot-, Ultraviolett- oder Gamma- und Röntgenstrahlen sind für unser Auge unsichtbar.

Trotz unseres Grundverständnisses von Licht ist es etwas, das wir einfach als etwas Selbstverständliches hinnehmen. In der Fotografie können wir Licht jedoch nicht als gegeben ansehen. Wir müssen lernen, es in verschiedenen Nuancen wahrzunehmen. Wie wir in den vier Fotos der Bildserie über die Zwölf Apostel sehen, die zu verschiedenen Tageszeiten entstand, erzeugt die Lichtcharakteristik eine Vielzahl von Farben und Stimmungen. Es moduliert ebenso die Formen, während die Lichtrichtung entscheidend dafür ist, wie wir Formen und dreidimensionale Ausdehnung empfinden.

AW Die Felsnadeln an der Südküste Australiens auf den Seiten 86/87 nahm ich zuerst am frühen Morgen auf, und ich erhielt ein Bild in Pastellfarben. Ich kam später am gleichen Tag zurück, um die anderen Fotos aufzunehmen – später Nachmittag (Silhouetten), Sonnenuntergang (Pink und Orange) und gleich nach Sonnenuntergang (sehr kaltes Blau). Beim Vergleich der vier Fotos erkennen Sie, wie der veränderte Sonnenstand einen entscheidenden Einfluß auf die Wirkung des Bildes hat. Ich liebe die Wärme des Sonnenuntergangs mit dem Pink und dem Orange, doch ich mag auch das kühle, subtile Licht des frühen Morgens.

MH Diese Serie erinnert mich an die Serie des französischen Malers Claude Monet von der Kathedrale von Rouen. Er malte die Fassade der Kathedrale stets aus der gleichen Perspektive, jedoch zu verschiedenen Tages- und Jahreszeiten. Die Ergebnisse sind eine Symphonie von Farbtapeten mit variierenden Vibrationen und Stimmungen. Es ging ihm nicht um die Kathedrale, sondern um die Wirkung, die das Licht auf den Bau ausübte.

Es gibt Touristen, die stehen am Rand des Grand Canyon, machen einen Schnappschuß und sagen dann: »Gehen wir, ich habe das Bild im Kasten.« Wir können an dem gleichen Punkt stehen, jeden Tag, 365 Tage im Jahr und doch zu 365 verschiedenen Fotos kommen. Das Motiv bleibt das gleiche, und doch wird es immer wieder anders aussehen, weil sich die Beleuchtungsverhältnisse ändern.

Auf dem Film wird Licht in Farbe umgesetzt, und Farben, wie wir in Kapitel 4 gesehen haben, rufen emotionelle Reaktionen in uns hervor. Die Stimmung selbst kann Gegenstand des Fotos sein, wie es in diesen vier Fotos der Fall ist. Wichtiger jedoch ist, daß die Stimmung ein emotionales Bindeglied ist, das den Fotografen mit dem Betrachter verbindet. Jeder von uns kann zweifellos ein Lieblingsbild heraussuchen. Es wäre sicher interessant, sich zu fragen, warum man ein bestimmtes Bild einem anderen vorzieht.

Lichtstimmungen je nach Tageszeit

Obwohl Tageslichtfilm darauf abgestimmt ist, draußen bei sonnigen Lichtverhältnissen eingesetzt zu werden, ist das volle Mittagslicht für Fotos ziemlich ungeeignet.

Am frühen Morgen

Zwölf Apostel, Victoria, Australien. Zoomobjektiv 80–200 mm in 200-mm-Stellung, Blende 16, 1 Sek., Fujichrome 50

Am späten Nachmittag

Zwölf Apostel, Victoria, Australien. Zoomobjektiv 80–200 mm in 200-mm-Stellung, Blende 16, 1/15 Sek., Fujichrome 50

Bei Sonnenuntergang

Zwölf Apostel, Victoria, Australien. Zoomobjektiv 80–200 mm in 200-mm-Stellung, Blende 16, 1/8 Sek., Fujichrome 50

Nach Sonnenuntergang

Zwölf Apostel, Victoria, Australien. Zoomobjektiv 80–200 mm in 200-mm-Stellung, Blende 16, 2 Sek., Fujichrome 50

Grand Tetons, Wyoming.
20-mm-Objektiv, Blende 22, 1/60 Sek., Fujichrome Velvia

Das direkte, von oben kommende Licht liefert flache Formen und ausgewaschene Farben.

Die meisten professionellen Fotografen bevorzugen den Morgen oder späten Nachmittag, wenn die Lichtfarbe mehr im warmen Bereich des Spektrums liegt, nicht nur wegen der Wärme der Farben. Früh und spät am Tag ist der Tonwertumfang weniger extrem, so daß der Film subtilere Farbabstufungen aufzeichnen kann. Farbfilme liefern ihre besten Ergebnisse bei Lichtverhältnissen, in denen der Kontrast geringer ist.

Ein grundsätzliches Problem tritt bei allen Filmen auf: Ein Film hat einen bedeutend kleineren Kontrastumfang als unser Auge. Bei hellem Licht nimmt das Auge alle Tonwerte von den hellsten Spitzlichtern bis zu den dunkelsten Schatten wahr, da es sich automatisch an die wechselnde Lichtintensität anpaßt. Unser Gehirn liefert uns auch die entsprechenden Informationen. Ein leuchtend roter Gimpel zum Beispiel erzeugt in unserer Wahrnehmung immer das gleiche Rot, ob wir ihn nun in heller Sonne oder im Schatten liegend betrachten.

Film nimmt dagegen nur einen schmaleren Bereich auf. Sein Verhalten gegenüber extremen Tonwerten variiert je nach Filmtyp. Farbnegativfilme decken einen wesentlich größeren Belichtungsspielraum ab als Umkehrfilme. Da Umkehrfilme auch häufig für Reproduktionen benutzt werden, ist es wichtig, über diese Eigenschaften Bescheid zu wissen, und diese entsprechend bei der Belichtung zu berücksichtigen.

AW Viele Menschen sind der Meinung, daß helle, sonnige Tage optimal für Landschaftsaufnahmen sind. Sonne kann zwar von Vorteil sein, doch wie wir in dem Beispiel der Zwölf Apostel gesehen haben, kann die Tageszeit einen enormen Unterschied ausmachen.

Hier habe ich die Grand Tetons von Osten aus in der Mittagszeit fotografiert und noch einmal bei Sonnenaufgang. Der tiefe Sonnenstand liefert zweifellos ein ansprechenderes Foto. Schnee ist für die Belichtung immer heikel, vor allem bei hellem Sonnenlicht. Der Belichtungsmesser ist auf 18 Prozent Grau geeicht und wird weißen Schnee daher in ein Grau von 18 Prozent verwandeln. Um Schnee auf dem Foto wirklich weiß abzubilden, empfiehlt es sich daher, manuell einzugreifen und eine längere Belichtung einzustellen, als der Belichtungsmesser anzeigt.

MH Wenn Sie als Fotograf erst einmal auf Licht sensibilisiert sind, werden Sie ein Motiv selten bei Mittagslicht fotografieren, und der Vergleich auf diesen Seiten sagt Ihnen genau, warum. Der frühe Morgen und der späte Nachmittag zeigen mehr Farbe in einer Landschaft, da die Sonnenstrahlen dickere Schichten der Atmosphäre durchdringen. Sie absorbieren das blaue Ende des Spektrums, so daß wir die wärmeren, langwelligen Strahlen stärker wahrnehmen. Dies ist der Grund für den goldenen Warmton, den wir mit dem späten Nachmittag assoziieren. Während die Sonne immer weiter dem Horizont entgegensinkt, geht der Ton zum orangefarbenen und roten Teil des Spektrums über und die Sträucher im Vordergrund wirken jetzt viel farbintensiver. Für den Sonnenaufgang gilt selbstverständlich umgekehrt das gleiche.

Während dieses Phänomen hier zusätzlich Wärme in eine ansonsten kalte, schneebedeckte Winterlandschaft bringt, erzeugt der tiefe Sonnenstand gleichzeitig Schatten, die im Vordergrund Struktur erzeugen und das Gefühl von Tiefe verstärken. Die hoch angesetzte Baumreihe vor den Bergen trägt ebenfalls dazu bei.

Grand Tetons, Wyoming.
20-mm-Objektiv, Blende 22, 1/15 Sek., Fujichrome Velvia

OBEN RECHTS: *Spießbock, Samburu National Park, Kenia.* Zoomobjektiv 200–400 mm in 400-mm-Stellung, Blende 5,6, 1/125 Sek., Fujichrome Velvia

UNTEN RECHTS: *Kaktusblüten, Arizona.* 50-mm-Objektiv, Blende 16, 1/15 Sek., Fujichrome 100

RECHTE SEITE OBEN: *Spießbock, Samburu National Park, Kenia.* Zoomobjektiv 200–400 mm in 400-mm-Stellung, Blende 5,6, 1/30 Sek., Fujichrome Velvia

Direktes oder diffuses Licht?

AW Die Sonne wurde immer wieder von Wolken verdeckt, und diese beiden Fotos entstanden in einem Abstand von nur wenigen Minuten. Beim ersten Bild, aufgenommen bei strahlendem Sonnenschein, wirft der angewinkelte Kopf des Tieres, dessen interessante Zeichnung kaum zu erkennen ist, einen tiefen Schatten auf den Körper. Beim nächsten Foto bedeckte eine Wolke die Sonne. Jetzt ist das Gesicht des Tieres deutlich zu erkennen, man sieht sogar das schwache Spitzlicht im Auge. Auch wenn die Position des Tieres in diesem Foto nicht so stark ist wie im ersten, ist der Gesamteindruck wesentlich ansprechender.

MH Die kontrastärmere Beleuchtung kommt dem zweiten Foto sicherlich zugute, bringt aber auch Nachteile mit sich. Einerseits ist die Form des Bocks nicht so deutlich zu erkennen. Ohne das Licht und die Schatten, die die Konturen und Formen hervorheben, hebt sich das Tier nicht so gut vom Hintergrund ab wie im ersten Foto. Ich stimme Art zu, daß das zweite Foto wegen der Detailzeichnung im Gesicht ansprechender ist, trotzdem mag ich die warme, sonnenbeschienene Stimmung im ersten Bild. Wieder einmal ist dies ein Beispiel dafür, daß es keine »richtige« Methode gibt, etwas zu porträtieren – Fotografie ist nun einmal subjektiv.

An einem hellen Tag werden unzählige blaue Anteile des Lichts hin- und herreflektiert, so daß Schattenpartien ebenfalls dieses Blau reflektieren. Auch bei kurzer Wolkeneintrübung, die wie ein riesiger Diffusor wirkt, bleibt der starke Blauanteil des Lichts erhalten. Der Film registriert ihn, auch wenn wir ihn nicht wahrnehmen. Den Farbunterschied zwischen diesen beiden Fotos macht auch das blaue reflektierte Licht aus.

AW Bei der ersten Aufnahme der Kaktusblüten hat die helle Sonne die Szene durch helle und dunkle Bereiche in ein verworrenes, zergliedertes Bild verwandelt. Die Aufnahme entstand in den Chiricahua Mountains in Arizona an einem klaren, wolkenlosen Tag. Ich baute daher meinen Rucksack so auf, daß er seinen Schatten auf das Motiv warf. Nun konnte ich eine weitere Aufnahme ohne die starken Schatten und Hellzonen machen, was zu einem viel ansprechenderen Bild führte.

MH Dies ist ein gutes Beispiel dafür, wie Film auf Situationen mit hohem und niedrigem Kontrast reagiert. Der augenfälligste Unterschied liegt in der Farbsättigung. Die sonnenbeschienene Variante zeigt ein wärmeres Rot mit stärkerem Gelbanteil, bei der Aufnahme im Schatten tendiert das Rot mehr zu Blau. Darüber hinaus sind auch die Lichter und Schatten unterschiedlich.

Bei der Aufnahme in der Sonne haben sich die Schatten ohne sichtbare Zeichnung verdichtet. Die Kaktusstacheln sind die hellsten Stellen innerhalb der Szene. Interessant ist das Bild durch den Kontrast zwischen hell und dunkel jedoch allemal. Und da Art so belichtet hat, daß die Spitzlichter nicht überbelichtet und ausgewaschen sind, und es andererseits zuließ, daß die Schattenpartien völlig abdunkeln, ist das Bild druckbar.

In der schattigen Version sind die gelben Staubblätter der Blüten die hellste Stelle im Bild. In den Schattenpartien ist mehr Detailzeichnung, ebenso mehr Struktur in den Kaktusstacheln.

Pflanzenfotografen lernen schnell den Wert von bedecktem Himmel zu schätzen, durch den Farben intensiviert werden. Gleichmäßiges Licht mit geringem Kontrast ist immer vorzuziehen, um sattere Farben zu erhalten. Im hellen Sonnenlicht erscheinen die roten Blüten weniger gesättigt in der Farbe. Manche Fotografen verwenden einen Diffusor, etwa einen weißen Schirm, oder einen Reflektor, um mehr Licht in Schattenbereiche zu bringen und einen zu hohen Kontrast zu mindern. Es lohnt sich, alles auszuprobieren, was eine ausgewogenere Beleuchtung liefert, wenn die Beleuchtungsverhältnisse nicht ideal sind. Sie können auch ein Warmtonfilter benutzen, um ein Verblauen von Farben zu vermeiden. Dazu mehr in Kapitel 7 über kreative Möglichkeiten.

Kaktusblüten, Arizona. 50-mm-Objektiv, Blende 16, 1/4 Sek., Fujichrome 100

Löwenjunge, Serengeti, Kenia. Zoomobjektiv 200–400 mm in 200-mm-Stellung, Blende 5,6, 1/60 Sek., Fujichrome 100

Diffuses Licht

AW Die Aufnahme der Löwen entstand, nachdem ich mehrere Stunden darauf gewartet hatte, daß die Sonne hinter Wolken verschwinde. Verringerter Kontrast war notwendig, damit ich das erwünschte Ergebnis erhielt. In der Waldszene von Honshu werden die Rinde und die Flechten auf dem Baum ebenso sanft beleuchtet wie die Blätter an den Zweigen. Auch hier haben wir es mit einem sehr flachen Bild zu tun, das einfach zu belichten ist, da es keine hellen Spitzlichter oder dunkle Schatten gibt.

Auch bei der Aufnahme der moosbedeckten Ahornbäume im Olympic-Regenwald sind die subtilen Töne von Braun, Orange und Grün bei der flachen Beleuchtung eindeutig lebhafter. Der bedeckte Himmel wirkt wie eine riesige weiße Lichtquelle, die jede Farbe zum Leuchten bringen kann. Wäre der Himmel bei der Aufnahme blau gewesen, hätten die Schatten einen Blaustich angenommen, und bei direkter Sonne wäre der Kontrast höher gewesen, als er vom Film verkraftet wird. Oft hat man leider auf den Beleuchtungskontrast keinen Einfluß.

MH Die Sanftheit der Farben in all diesen Beispielen könnte man bei hellem Sonnenlicht nie erzielen. Bedecktes Licht verstärkt die Farben. Durch den zerstreuenden Effekt filtern Wolken einen Großteil von blauen und ultravioletten Strahlen aus dem Tageslicht heraus. Dadurch erscheinen die anderen Farben deutlich gesättigter.

Bei dem Bild von den Bäumen von Honshu gefällt mir, daß dort immer noch ein Gefühl von Tiefe herrscht, und dies wird zum Teil durch die Komposition erreicht. Die sich verjüngenden Zweige der Bäume tragen uns in den Bildraum zurück, weg von der vorderen Ebene der dicken, senkrechten Stämme. Der Wechsel in den Größenverhältnissen der Strukturen vorn und hinten verstärkt ebenfalls das Gefühl von Tiefe. Die winzigen Blätter im Hintergrund kontrastieren mit dem kühneren Muster im Vordergrund.

Das Bild im Olympic-Regenwald gefällt mir, weil man das Gefühl hat, tatsächlich in einem Wald zu sein. Dank der kontrastarmen Beleuchtung sind alle feinen Strukturen und Details zu erkennen, so daß man meint, die Dinge greifen zu können. Ferner verleiht die weiche Beleuchtung dieser Szene Sanftheit und Intimität.

OBEN:
Buchen im Herbst, Honshu, Japan.
20-mm-Objektiv, Blende 22, 2 Sek., Fujichrome Velvia

LINKS:
Ahornbäume, Olympic National Park, Washington.
20-mm-Objektiv, Blende 22, 1 Sek., Fujichrome Velvia

Grannenkiefern, White Mountains, Kalifornien.
20-mm-Objektiv, Blende 16, 1/15 Sek., Fujichrome 50

Grannenkiefern, White Mountains, Kalifornien.
20-mm-Objektiv, Blende 22, 1/30 Sek., Fujichrome 50

Lichtrichtung

AW Ähnlich wie bei den Zwölf Aposteln sehen auch diese beiden Grannenkiefern hoch oben in den White Mountains von Kalifornien bei unterschiedlichem Licht sehr verschieden aus. Die Lichtrichtung beeinflußt in hohem Maße die Art und Weise, wie wir ein Objekt wahrnehmen. Im ersten Foto gibt das flache Licht, gefiltert durch ein Polfilter, der Szene ein unwirkliches Gefühl und verstärkt die Trostlosigkeit der Gegend. Beim zweiten Foto verleiht der Himmel am späten Nachmittag mit der vom Baum verdeckten Sonne dem Baum einen angenehmeren Charakter.

MH Hier haben wir ein gutes Beispiel dafür, wie Licht die emotionale Wirkung eines Bildes beeinflußt. Das erste ist stark und hart, zweifellos verstärkt durch das Polfilter, das den Himmel abdunkelt und die Reflexe auf dem frontal beschienenen Baumstamm unterdrückt. Das zweite Bild ist mehr ephemer mit einem pastellenen tonalen Charakter. Ich mag beide Bilder aus verschiedenen Gründen. Das erste ist eindrucksvoll, der Baum hat nicht nur Farbe, sondern auch Struktur, der seinen Charakter unterstreicht. Im zweiten Bild, bei dem der Baum im Schatten liegt, werden die Konturen und Formen hervorgehoben. Die Form des Baumes erinnert mich an die berühmte griechische Skulptur der geflügelten Nike von Samothrake. In mir erzeugt es ein Gefühl von Ewigkeit, vom Triumph des Lebens über unwirtliche, trostlose Umgebungen. Beide Versionen vermitteln die Kraft des Baumes, und jede erzeugt ein Gefühl von Weite, stellt mehr als ein Dokumentarfoto dar.

Frontales Licht

AW Viele Menschen vergessen vor lauter Aufregung, wenn sie sich einem Tier nähern, darauf zu achten, aus welcher Richtung die Sonne kommt. Sie fotografieren dann einfach aus der Richtung, aus der sie sich genähert haben – was nicht unbedingt die beste Beleuchtung liefern muß. Ich analysiere als erstes, aus welcher Richtung das Licht kommt, und nähere mich dem Tier dann aus der Richtung, die mir von der Belichtung her geeignet erscheint. In diesem Fall entstand die erste Aufnahme im Gegenlicht, so daß unvorteilhafter Schatten auf dem Gesicht liegt. Beim zweiten Foto habe ich mich dem Tier aus einer anderen Richtung genähert, so daß es von Frontallicht beleuchtet wird. Die Detailzeichnung im Gesicht ist nun besser zu erkennen.

MH Die meisten Fotografen lernen, daß das Licht auf ihr Motiv fallen sollte, also am besten von hinten über ihre Schulter einfallend. Frontale Beleuchtung erzeugt keine Schatten, wie etwa beim Seitenlicht. So muß man sich oft mit weniger Kontrast beschäftigen, wodurch das Bild an Tiefe verliert. Wenn es Ihnen darum geht, ein flaches, zweidimensionales Foto zu erhalten, erreichen Sie dies durch Frontalbeleuchtung. Das Foto des Scharlachbienenfressers rechts ist ein perfektes Beispiel dafür.

OBEN LINKS: *Gabelbock, National Bison Range, Montana.* Objektiv 2,8/300 mm, Blende 5,6, 1/60 Sek., Kodachrome 64

OBEN RECHTS: *Gabelbock, National Bison Range, Montana.* Objektiv 2,8/300 mm, Blende 5,6, 1/60 Sek., Kodachrome 64

Polarfuchs, Brooks Range, Alaska. Objektiv 2,8/300 mm, Blende 5,6, 1/60 Sek., Kodachrome 64

Scharlachbienenfresser, Botswana. Objektiv 5,6/800 mm, Blende 5,6, 1/60 Sek., Fujichrome Velvia

Wolfsspur, Ellesmere Island, Kanada.
50-mm-Objektiv, Blende 16, 1/15 Sek., Kodachrome 64

Streiflicht

AW Seitenlicht, Streiflicht oder Licht von einem niedrigen Winkel erzeugt eine ansprechendere Komposition. Ein sehr tiefer Beleuchtungswinkel war hier erforderlich, um etwas Schatten zu erhalten, damit die Spur sich von dem weißen Schnee abhebt. Statt hellweiß ist der Schnee fast zu einem neutralen Grau geworden, mit Schatten von jedem Schneekristall.

Das zweite Foto zeigt einen ausgewachsenen Weißkopfseeadler am Nest. Er macht eine morgendliche Dehnübung, um sein taufeuchtes Gefieder zu trocknen. Die Spitzen der Flügel liegen im Schatten, während er vorn in warmes, weiches Licht getaucht ist. Der Baum hinter ihm befindet sich ebenfalls im Schatten, wodurch eine gespenstische Wirkung erzeugt wird. Helle Spitzlichter liegen auf dem Auge und dem Schnabel.

MH Mehr als jede andere Beleuchtung macht Seitenlicht Landschaften und andere Motive zu Reliefs. Ich mag die ephemere Qualität in dem Foto der Wolfsspur und das Geheimnisvolle, das von diesem sanften Schatten ausgeht. Wölfe sind scheu und selten zu sehen. Spuren sind manchmal die einzigen Anzeichen ihrer Anwesenheit. Dieser einzelne Abdruck weckt in mir die Vorstellung von der Einsamkeit einer fernen Wildnis, die einem ganzen Rudel Wölfe genügend Raum zum Leben läßt.

Im Foto des Adlers erzeugt der niedrige Winkel und die Lichtrichtung Dramatik, die bei frontalem Licht verlorenginge. Hell und Dunkel und starker Kontrast erzeugen in uns die Vorstellung von einem kraftvollen Vogel, der etwas Geheimnisvolles und Erregendes ausstrahlt.

Junger Weißkopfseeadler, Admirality Island, Alaska.
Objektiv 5,6/800 mm, Blende 5,6, 1/60 Sek., Fujichrome 100

Gestrandeter Eisberg, Icy Bay, Alaska. 20-mm-Objektiv, Blende 22, 1/15 Sek., Fujichrome 100

RECHTE SEITE OBEN: *Alaska Range, Denali National Park, Alaska.* 135-mm-Objektiv, Blende 5,6, 1/125 Sek., Fujichrome 100

RECHTE SEITE UNTEN: *Dallschafe, Denali National Park, Alaska.* Zoomobjektiv 200–400 mm in 200-mm-Stellung, Blende 5,6, 1/125 Sek., Kodachrome 64

Gegenlicht

AW Bei Außenaufnahmen können sich die Lichtverhältnisse ständig ändern, so daß unterschiedliche Aufnahmesituationen entstehen. Bei diffusem Licht werden Sie sich wohl kaum zum Fotografieren aufmachen, doch wenn Sie damit konfrontiert werden, sollten Sie auch damit umgehen können. Das gleiche gilt für Gegenlicht. Es kann das gleiche Motiv, das Sie eben noch mit frontaler Beleuchtung fotografiert haben, dramatisch verändern.

Durch Wechseln meines Standpunkts sind der Eisberg und die Dallschafe auf einem Hügel zu einem völlig anderen Bild geworden. Der Eisberg im Gegenlicht war noch problemlos zu fotografieren, da ich durch den grauen Himmel und das Wasser eine gleichmäßige Allgemeinbelichtung erhielt. Bei den Dallschafen benutzte ich den blauen Himmel als Graukarte, legte darauf die Belichtung und nahm dann wieder den gewählten Ausschnitt ein.

MH Gegenlicht ist gewöhnlich die beste Methode, eine zweidimensionale Darstellung zu erzielen. Silhouetten besitzen keine Details, lediglich Formen. Der Charakter der Form gewinnt als Symbol und als kompositorisches Element an Bedeutung. Bevor ich die Zeitschrift verließ, hatte ich eine Serie von Silhouettenfotos für ein Portfolio gesammelt. Es sollte ein Spiel sein, mit Bildunterschriften, die erst ganz am Ende erscheinen, mit dem die Leser ihre Fähigkeiten testen sollten, Tiere nur anhand ihrer Formen und Konturen zu erkennen.

Bei dem Eisberg geschieht durch das Gegenlicht allerdings genau das Gegenteil, da es sich um ein durchscheinendes Objekt handelt, das Licht von hinten braucht, um seine dreidimensionale Form zu offenbaren. Ohne Gegenlicht wäre der Eisberg eine Silhouette, flach und zweidimensional.

Beim Fotografieren von Motiven im Gegenlicht können Überstrahlungen im Objektiv auftreten, wenn das eintretende Licht Reflexionen an den einzelnen Linsenelementen verursacht. Dies läßt sich leicht durch Abschatten der Frontlinse vermeiden. Beim Magazin versuchten wir, Fotos ohne diese Überstrahlungen auszusuchen, da wir sie für unnatürlich hielten – das menschliche Auge nimmt sie nämlich nicht wahr. Außerdem erinnern sie an die Kamera zwischen Ihnen und dem Motiv.

Luchs, Montana. Objektiv 2,8/300 mm, Blende 8, 1/125 Sek., Kodachrome 64

Reflektiertes Licht

AW Die Adélie-Pinguine wurden bei Mittagslicht aufgenommen. Ich fotografierte Pinguine im Schatten, und das Licht, das vom nahe gelegenen Eis und dem Schnee reflektiert wurde, wirkte wie ein riesiger Aufheller. Andernfalls hätte ich nie eine solche Detailwiedergabe in diesem Foto gehabt. Das Bild des Slot Canyons entstand ebenfalls bei hellem, kontrastreichem Licht, das einige Schritte entfernt einfiel. Halten Sie sich bei Außenaufnahmen immer vor Augen, bei eigentlich unmöglichen Lichtverhältnissen nach Motiven Ausschau zu halten, die indirekt beleuchtet sind. So bekommen sie ungewöhnliche Bilder.

Der Luchs saß auf sehr hellem Schnee. Statt das ganze Tier zu fotografieren und damit zuviel hellen Schnee im Bildausschnitt zu haben, entschied ich mich (mit dem 300er Tele) für diesen engen Ausschnitt des Kopfes, der vom Licht des reflektierten Schnees weich ausgeleuchtet war.

MH Fotos in der Mittagszeit bei hellem Schnee hinzubekommen zeichnet den erfahrenen Profi aus. Ein Fotograf, der im Auftrag arbeitet, kann sich kaum den Luxus leisten, auf optimales Licht zu warten. Art hat sich geschickt eine schwierige Situation zunutze gemacht. Schnee, Sand oder jede andere helle Fläche reflektieren genug Licht in Schattenpartien, die auf diese Weise weich ausgeleuchtet werden. Bei Porträts schmeichelt diese Beleuchtung am meisten, weshalb Studiofotografen oft das Licht diffus reflektiert von einer hellen Fläche einsetzen. So werden harte Schatten vermieden, und das ungerichtete Licht unterdrückt gleichzeitig Falten und Hautunreinheiten.

Bei diesen drei Aufnahmen von Art sorgt das weiche reflektierte Licht dafür, daß der Film, der nur einen bestimmten Kontrastumfang bewältigt, diese Detailwiedergabe liefert. Bei dem Porträt des Luchses hat Art durch den engen Bildausschnitt die helle Schneeumgebung elegant eliminiert, die sonst abgelenkt und den Gesamteindruck beeinträchtigt hätte.

RECHTE SEITE OBEN: *Adéliepinguine, Paulet Island, Antarktis.* Objektiv 2,8/300 mm, Blende 5,6, 1/125 Sek., Fujichrome 100

RECHTE SEITE UNTEN: *Slot Canyon, Arizona.* 20-mm-Objektiv, Blende 16, 4 Sek., Fujichrome Velvia

Leopard, Samburu National Park, Kenia.
Objektiv 5,6/ 800 mm, Blende 5,6, 1/60 Sek., Fujichrome 100

Eisberg, Antarktische Halbinsel.
560 mm Brennweite (Zoomobjektiv 200–400 mm in 400-mm-Stellung plus 1,4fach-Konverter), Blende 5,6, 1/60 Sek., Fujichrome 100

Spotbeleuchtung

AW Ebenso wie reflektiertes Licht oder Gegenlicht ist Spotbeleuchtung eine ungewöhnliche Art der Beleuchtung, die Sie unbedingt festhalten sollten, wenn sich Ihnen die Gelegenheit dazu bietet. In diesem Fall legen Sie die Belichtung auf die Lichter, wie ich es hier bei den Schwänen getan habe. Die anderen Schwäne im Hintergrund können ruhig grau zulaufen, der Schwan im Vordergrund dagegen darf nicht überbelichtet werden. Das wäre nämlich der Fall gewesen, wenn ich die Belichtung auf die Schwäne im Hintergrund gelegt hätte.

Auch bei dem Leoparden legte ich die Belichtung auf den hellsten Teil des Tieres. Ich richtete dazu die Kamera auf den Boden, der das gleiche helle Sonnenlicht erhielt wie der Leopard. Ich las die Belichtung ab, arrangierte den Bildausschnitt wieder und löste mit dieser Belichtung aus.

Bei dem Foto des Eisbergs war die beleuchtete Fläche so klein, daß es schwierig war, die Belichtung innerhalb der Szene selbst zu ermitteln. Um auf die Lichter zu belichten, schwenkte ich die Kamera zu einem helleren Bereich, maß die Belichtung der hellen Sonne und nahm den gewählten Ausschnitt mit dieser Belichtung wieder ein.

In dem Gebiet des Arctic National Wildlife Refuge belichtete ich auf die graue Fläche der Wolken, über denen das Licht durchkommt. Ich hielt dies für das mittlere Grau in dieser Szene, machte jedoch sicherheitshalber trotzdem eine Belichtungsreihe, mit jeweils leichter Unter- und Überbelichtung. Nur so konnte ich sicher sein, wenigstens ein gelungenes Foto zu bekommen.

Singschwäne, Hokkaido, Japan. Zoomobjektiv 200–400 mm in 400-mm-Stellung, Blende 5,6, 1/125 Sek., Fujichrome

MH Spotbeleuchtung hat eine dramatische Wirkung und zieht das Auge unmittelbar auf das Motiv. Dieses Licht erzeugt gleichzeitig Intimität, da es unsere Aufmerksamkeit in den Bildraum hineinzieht. Dies wird bei dem Foto der Schwäne wohl am deutlichsten, doch bei dem Eisberg ist dieser Effekt ebenfalls zu beobachten. Es ist, als ob wir durch ein Fernglas blickten, es zentrieren und die größere Fläche der Umgebung ignorieren.

Arctic Plain, Alaska. 135-mm-Objektiv, Blende 2,8, 1/60 Sek., Fujichrome 100

Himalaja, Tibet. 50-mm-Objektiv, Blende 16, 1/125 Sek., Kodachrome 64

18 Prozent Grau ermitteln

AW Mit welchem Licht Sie es auch zu tun haben – Sie müssen wissen, was Ihnen der eingebaute Belichtungsmesser anzeigt. Einige Kameras arbeiten nach der Integralmessung. Sie mißt die Szene, berechnet die Lichtintensität und ermittelt daraus einen Mittelwert der Belichtung, der auf ein Motiv mit neutralem Grau von 18 Prozent Lichtreflexion abgestimmt ist. Bei der ersten Aufnahme habe ich genau den Wert des Belichtungsmessers übernommen, was eine Unterbelichtung zur Folge hatte. Der Belichtungsmesser wird von der Helligkeit des Schnees getäuscht und dazu veranlaßt, den Schnee als 18 Prozent Grau anzusehen. In solchen Fällen verlängere ich die Belichtung um eine Stufe durch die Blende oder die Verschlußzeit.

Normalerweise suche ich mir in einem Motiv immer einen Bereich, der 18 Prozent Grau entspricht. Wie Sie sehen, liegen an der unteren Kante des Bildfeldes einige graue Felsen. Tatsächlich war der Felsen, auf dem ich stand, völlig grau. Also füllte ich den Bildausschnitt mit dem Felsen komplett aus, legte darauf die Belichtung und komponierte den Bildausschnitt wieder wie gewünscht. Durch diese Maßnahme bleibt der weiße Schnee weiß. Im Gegensatz zu einigen Fotografen nehme

Himalaja, Tibet. 50-mm-Objektiv, Blende 11,5, 1/60 Sek., Kodachrome 64

ich bei Außenaufnahmen keine Graukarte mit. Ich finde eigentlich in jedem Motiv etwas, das 18 Prozent Grau entspricht.

Wie bei den vorangegangenen Fotos wurde bei der ersten Aufnahme der Sonne hinter dem Baum, die ich in Afrika machte, die Belichtung normal gemessen. Hier schwenkte ich die Kamera zu dem neutralen Himmel links von der Sonne und ermittelte dafür die Belichtung. Dadurch ist die Sonne richtig belichtet, und der Baum wird zur Silhouette. Bei Kameras mit Belichtungsautomatik ist hier ein Meßwertspeicher von Vorteil.

MH Wenn Sie einmal verstanden haben, was der Belichtungsmesser Ihnen anzeigt, können Sie Beleuchtung und Farben entsprechend Ihren Vorstellungen steuern. Silhouetten sind subjektiv. Manchmal erzeugt eine leichte Überbelichtung, die Details im Vordergrund zeigt, einen ätherischen Effekt. Wie Sie bei den Vergleichsaufnahmen mit dem Baum sehen können, ist es bei der dunkleren Variante schwierig, die Feinheiten der Äste zu erkennen. Außerdem zeigt die hellere Aufnahme eine bessere Farbbalance. Technisch gesehen lassen sich beide Aufnahmen drucken, wenngleich das dunklere Foto für den Lithografen eine Herausforderung darstellt. Es kann sich also schon aus diesem Grund lohnen, zwei verschiedene Belichtungen zu machen.

Sonnenuntergang hinter einer Akazie, Botswana. Objektiv 5,6/800 mm, Blende 16, 1/125 Sek., Fujichrome Velvia

Sonnenuntergang hinter einer Akazie, Botswana. Objektiv 5,6/800 mm, Blende 16, 1/30 Sek., Fujichrome Velvia

Bergziegen, Glacier National Park, Montana. Zoomobjektiv 200–400 mm in 200-mm-Stellung, Blende 11, 1/60 Sek., Fujichrome Velvia

AW Bei den Ziegen war die korrekte Belichtung einfach zu ermitteln, da das ganze Bildfeld 18 Prozent Grau entspricht. Ich benutzte die grauen Felsen im Vordergrund zur Ermittlung der Belichtung und nahm danach den gewünschten Bildausschnitt wieder ein. Dabei wußte ich, daß die Bergziegen weißer erscheinen würden, was genau meine Absicht war. Bei dem Papageitaucher ist der Vogel sehr kontrastreich, fast schwarz und weiß. Diese Situation ist bei jedem Licht schwierig. Wieder wählte ich den grauen Felsen vorn für die Belichtungsmessung.

MH Ein Maler erzählte mir einmal, er könne jede beliebige Landschaft mit nur einer Tube Farbe und je einer Tube schwarzer und weißer Farbe malen. Man braucht übrigens nicht einmal die Farbtube. Jedes Motiv, ob Landschaft oder etwas anderes, kann auf seine ursprünglichen Tonwerte reduziert werden, auf Weiß für die Lichter, Schwarz für die Schatten und Grau für die Zwischentöne. Wenn man die Belichtung beurteilen möchte, hilft es, an diese drei Tonwerte Schwarz, Weiß und Grau zu denken.

Wenn Sie in Ihrem jeweiligen Motiv die Mitteltöne ermitteln können, werden die anderen Werte, die Lichter und Schatten, entsprechend ausbalanciert, gleichgültig, ob das Licht hell oder gedämpft ist. Draußen stoßen Sie auf viele Graukarten, Sie müssen nur danach suchen. Grünes Gras, braune Erde, Ihre ausgeblichene Jeans, all dies läßt sich zur Belichtungsmessung benutzen, vorausgesetzt, das angemessene Motiv erhält das gleiche Licht wie das aufzunehmende Motiv. Im Zweifelsfall nehmen manche Fotografen einfach ihre Handfläche als Ersatzmotiv und öffnen die Blende danach um eine oder anderthalb Stufen. Diese sogenannte Ersatzmessung liefert ein zuverlässiges Meßergebnis.

Papageitaucher, Saint George Island, Alaska. Objektiv 5,6/800 mm, Blende 8, 1/60 Sek., Kodachrome 64

Bartkauz, Oregon. Objektiv 5,6/800 mm, Blende 5,6, 1/60 Sek., Fujichrome 100

AW Im ersten Foto befindet sich die Eule vor dem blassen Hintergrund eines bedeckten Himmels, so daß sie beinahe zur Silhouette wird. Wenn ich die Belichtung auf die Eule gelegt hätte, wäre der Himmel noch blasser ausgefallen. Für das zweite Foto suchte ich mir daher einen anderen Standpunkt, so daß der Hintergrund hinter der Eule dunkler war. Dadurch konnte ich auf die hellere Eule belichten, was den Hintergrund noch etwas dunkler macht. Normalerweise ziehe ich ein helles Motiv vor einem dunklen Hintergrund vor, da helle Flächen nach vorn drängen und dunkle zurücktreten.

MH Wie Sie gemerkt haben, ist das Wissen um Licht und die Arbeitsweise des Belichtungsmessers äußerst wichtig, um gute Fotos zu erhalten. Die Beleuchtung ist zwar diffus, doch im ersten Foto hat der helle Hintergrund den Belichtungsmesser getäuscht und zu einer Unterbelichtung des Vogels geführt, dessen Tonwert in Wirklichkeit ziemlich nahe an 18 Prozent Grau liegen dürfte. Durch den anderen Ausschnitt mit dunklerem Hintergrund erfaßt der Belichtungsmesser die Szene als 18 Prozent Grau, und die Eule hebt sich durch ihre hellere Farbe gut davon ab. Allgemein gesagt müssen Porträts deutlich und das Gesicht von Tieren klar erkennbar sein. Die Augen sind nun mal das lebhafteste Element im Gesicht, auf die der Betrachter normalerweise als erstes schaut – ob bei einem Menschen oder einem Tier. Dennoch mag ich das erste Bild, weil es etwas Geheimnisvolles hat. Ich assoziiere eine Eule eher damit als mit dem zweiten, gleichmäßig ausgeleuchteten Foto. Eulen sind nun mal gespenstisch. Sie sind lautlose Flieger, und wir begegnen ihnen meist in der Dämmerung. Daß wir nur das eine Auge des Vogels deutlich sehen können, verstärkt das Unheimliche. Dadurch, daß das Gesicht im Schatten liegt, starrt das eine gelbe Auge intensiv den Betrachter an. Die Augen in dem klassischen Porträt wirken nicht so gespenstisch. Wenn ich dieses Foto veröffentlichen würde, würde ich einen etwas engeren Ausschnitt wählen, um die hellen Flächen im Hintergrund zu eliminieren.

Bartkauz, Oregon. Objektiv 5,6/ 800 mm, Blende 5,6, 1/60 Sek., Fujichrome 100

7

KREATIVE MÖGLICHKEITEN

Die Kamera versetzt uns in die Lage, Dinge kreativ zu sehen und festzuhalten, die dem menschlichen Auge normalerweise verborgen bleiben. Sie erweitert unsere Wahrnehmung und gewährt uns so neue Sehweisen. Kurze Verschlußzeiten frieren schnelle Bewegungen ein, die unser Auge nicht registrieren kann, lange Zeiten dagegen stellen Bewegungen so dar, wie wir sie ebenfalls nicht wahrnehmen können. Das Auge paßt sich automatisch unterschiedlichen Lichtverhältnissen an, und alle Entfernungsbereiche in einer Szene sehen wir unmittelbar scharf. Das Objektiv einer Kamera »sieht« dagegen anders, je nachdem, ob eine große oder kleine Blende eingestellt ist. Die Blende beeinflußt die Schärfentiefe und damit den Bereich, der jeweils scharf abgebildet wird. Eine kleine Blendenöffnung sorgt für eine ausgedehnte Schärfentiefe, während der scharf abgebildete Bereich bei großer Blendenöffnung nur sehr begrenzt ist.

Wir können und sollten uns diese Eigenschaften der Kamera zunutze machen. So können wir bestimmte Teile des Motivs scharf abbilden, andere dagegen bewußt in Unschärfe verschwinden lassen. Man bezeichnet dies als selektive Schärfe, eines von vielen kreativen »Werkzeugen« des Fotografen. Wenn Sie sich daraufhin noch einmal die Vergleichsaufnahmen der Eule zu Beginn von Kapitel 3 ansehen, bekommen Sie einen Eindruck von selektiver Schärfe. Zu den anderen kreativen Werkzeugen des Naturfotografen gehören Filmtypen, verschiedene Filter und Blitzlicht. Durch Filter läßt sich die Charakteristik des vorhandenen Lichts ändern und damit die Farbwiedergabe des Films. Auf diese Weise können Sie sogar die Farben, wie sie in der Natur vorkommen, noch nach Ihren eigenen Vorstellungen verändern.

Tageslicht-Farbfilme variieren ebenfalls in ihrer Farbcharakteristik. Viele Jahre lang waren der feinkörnige Kodachrome und der Ektachrome der Standard. Kodachrome ist ein Film mit guter Kontrastwiedergabe, die Farben sind etwas wärmer als zum Beispiel bei Ektachrome. Die Wiedergabe der Lichter und Schatten ist gut; sie verleiht den Fotos Brillanz.

In den letzten Jahren haben die beiden genannten Kodak-Filme Konkurrenz durch die neuen Fujichrome-Typen bekommen, die sich durch eine ziemlich warme Farbwiedergabe auszeichnen. Die Ektachrome-Typen, die mehr zu Blau tendierten und Grün besser wiedergaben als Kodachrome, wurden von Kodak verbessert, um mit dem Fujichrome konkurrieren zu können. Die neuen Ektachromes sind neutraler in der Farbwiedergabe und wärmer als die älteren Versionen.

Fotografen sollten Vergleichsaufnahmen machen, um sich eine eigene Meinung von den unterschiedlichen Filmcharakteren zu bilden, vor allem in bezug auf verschiedene Lichtverhältnisse. Fujichrome bietet eine phantastische Farbsättigung, vor allem auch bei bedecktem Himmel, wirkt jedoch bei hellem Sonnenschein manchmal etwas überbelichtet. Die Farbwiedergabe aller Farbfilme entspricht nicht ganz den Farben, die wir mit bloßem Auge wahrnehmen. Und Farbempfinden ist nun mal sehr subjektiv. Der Himmel beim Kodachrome erscheint in einem kühlen Graublau, während der Fujichrome eher ein Azurblau liefert. Die tatsächliche Farbe des Himmels liegt irgendwo zwischen diesen beiden Darstellungen.

Art verwendet bei seinen Naturaufnahmen drei Grundtypen von Filtern, um Farbstimmungen in der gewünschten Weise zu verändern. Er benutzt farbige Filter nicht, um ungewöhnliche oder gar surreale Effekte zu erzeugen, sondern um einen natürlicheren Eindruck zu erhalten. Das 81A-Filter reduziert die bläulichen Schatten an sonnigen Tagen, ein neutralgraues Verlauffilter gleicht hohe Kontrastunterschiede aus, und das Polarisationsfilter eliminiert Überstrahlungen und Reflexe, die sich negativ auf die Farbwiedergabe auswirken können.

Schließlich eröffnet Blitzlicht weitere Möglichkeiten, wenn die Lichtverhältnisse nicht optimal sind.

Braunbär, Katmai National Park, Alaska. Zoomobjektiv 200–400 mm in 200-mm-Stellung, Blende 5,6, 1/60 Sek., Fujichrome 100

Braunbär, Katmai National Park, Alaska. Zoomobjektiv 200–400 mm in 200-mm-Stellung, Blende 22, 1/4 Sek., Fujichrome 100

Die Möglichkeiten beim Einsatz von Blitzlicht in der Naturfotografie sind nicht vollkommen ausgeschöpft worden. Ein großer Teil nächtlicher Aktivitäten in der Tierwelt ist immer noch nicht dokumentiert worden und bietet dem ambitionierten Fotografen ein weites Betätigungsfeld. Aufhellblitzen, eingesetzt zum Aufhellen dunkler Schattenpartien in kontrastreichen Lichtsituationen, ist eine weitere Technik, die mehr und mehr Anwendung findet. Wenn Sie als Naturfotograf Erfahrungen sammeln und mit der Blitztechnik vertrauter werden, werden Sie sich Aufnahmegebiete erschließen, die Ihnen ansonsten sicher unbedeutend oder wenig erstrebenswert erschienen sind.

Isolieren des Motivs durch die Verschlußzeit

AW Bei den Fotos des Bären auf der vorangegangenen Seite habe ich das gleiche Tier an der selben Stelle mit zwei unterschiedlichen Belichtungen aufgenommen, die erste mit 1/60 Sek., die zweite mit 1/4 Sek. Nachdem ich den Bären etwa 20 Minuten lang beobachtet hatte, wie er versuchte, Lachse zu fangen, erkannte ich, daß er keinen Erfolg haben würde. Ich wollte das Tier auf interessante Weise fotografieren, deshalb dachte ich über Alternativen nach. Ich entschied mich, das Wasser zu einem wichtigeren Teil der Komposition zu machen. Durch die lange Verschlußzeit von 1/4 Sek. ist die Bewegung des Wassers verwischt, so daß sich der Bär besser davon abhebt.

MH Was das zweite Foto so gelungen macht, ist in meinen Augen, daß die Bewegung des Wassers so deutlicher zu erkennen ist. Nicht immer ist es erstrebenswert, Bewegungen einzufrieren. Wasser kann leicht hart und zerbrechlich wirken, etwa so wie flüssiges Glas. Ironischerweise erzeugt die lange Verschlußzeit eine interessantere Wirkung von Wasser und seiner Kraft. Wir erhalten einen stärkeren Eindruck von der Herausforderung, der sich der Bär bei seiner Nahrungssuche unter diesen Bedingungen stellen muß. Die nüchternere Darstellung des ersten Bildes ist bei weitem nicht so stark wie die des zweiten Bildes.

AW Im ersten Foto der Gauklerblumen und des Wasserfalls ist das Wasser durch die Verschlußzeit von 1/60 Sek. wieder wie eingefroren. In meinen Augen ist das nicht gerade die beste Darstellung. Beim zweiten Bild habe ich eine Belichtungszeit von 1/4 Sek. gewählt; dadurch entsteht meiner Meinung nach eine weiche, pastellene Stimmung, die die Gesamtszene vorteilhaft wiedergibt.

MH Das Ansprechende in diesem Bild sind für mich die unterschiedlichen Strukturen. Die längere Verschlußzeit gibt den Bach seidiger und sanfter wieder, was einen weicheren Kontrast zu den zarten Blumenmustern bewirkt. Die Schärfe im Vordergrund bringt die Blüten brillant zur Geltung, und weil der Wasserfall einen weicheren Kontrast bildet, tritt er besser nach hinten in den Bildraum zurück. Beide Bilder sind sicherlich für eine Veröffentlichung geeignet, doch das erste Bild ist nicht so elegant wie das zweite.

Gauklerblumen und Bach, Mount Rainier National Park, Washington.
20-mm-Objektiv, Blende 5,6, 1/60 Sek., Kodachrome 64

Gauklerblumen und Bach, Mount Rainier National Park, Washington,
20-mm-Objektiv, Blende 22, 1/4 Sek., Kodachrome 64

Brandungswellen, Alaska.
20-mm-Objektiv, Blende 16, 1 Sek., Fujichrome 100

Bewegte Motive und feststehende Kamera

AW In vielen Fällen erlauben Ihnen die Lichtverhältnisse bei Außenaufnahmen nicht, ein scharfes Foto zu erzielen. Wenn Sie in solchen Situationen zum Beispiel ein laufendes Tier oder einen fliegenden Vogel fotografieren wollen und Ihnen das Licht nur 1/60 Sek. erlaubt, erhalten Sie immer eine leichte Unschärfe, die stets wie ein Fehler aussieht. Es empfiehlt sich in manchen Fällen daher, aus der Not eine Tugend zu machen und bewegte Motive bewußt mit einer relativ langen Verschlußzeit aufzunehmen.

Bei den Stockenten war der Himmel am späten Nachmittag stark bedeckt. Die kürzeste Verschlußzeit, die ich erzielen konnte, war 1/30 Sek., doch die Enten schwammen geschäftig hin und her, so daß ich keine Chance hatte, ein scharfes Bild zu machen. Also stellte ich eine volle Sekunde ein und blendete entsprechend auf Blende 16 ab. Auf diese Weise »zeichneten« sich die Vögel gewissermaßen selbst mit ihren Bewegungen auf den Film. So habe ich in meinen Augen ein eher künstlerisches Bild erhalten, eine impressionistische Darstellung von Stockenten. Ich habe das Beste aus einer ungünstigen Situation gemacht und dabei gleichzeitig ein gelungenes Foto erzielt. Oft genug sind die Fotos, die mir am besten gefallen, die, bei denen ich die Einschränkungen der Kamera überwunden habe.

MH Wir haben einmal ein Titelfoto von Gänseblümchen gehabt, die sich im Wind wiegten. Das Bild löste einige Kontroversen aus. Generell wurde es jedoch von Fotografen gelobt, die uns dazu gratulierten, daß wir es gewagt hatten, es zu drucken. Viele Menschen dagegen glauben, daß nur gestochen scharfe Fotos veröffentlicht werden dürfen. Doch wie ließe sich das Wesen des Windes besser illustrieren als mit etwas, das sich bewegt? Manchmal macht es Spaß, vorgefaßte Meinungen in Frage zu stellen; deshalb wählten wir als Titelfoto die Aufnahme mit den Gänseblümchen. Was das Bild so gelungen machte, war die Tatsache, daß unter all den verwischten Blüten eine einzige trotzdem scharf war.

Manchmal kann man einen bestimmten Vorgang in der Bewegung nicht erfolgreich darstellen, ohne eine verwischte Bewegung zu zeigen. Ein Formel-1-Wagen sieht nun mal nicht schnell aus, wenn man ihn mit 1/500 Sek. aufnimmt. Die Gewalt eines Schneesturms läßt sich besser vermitteln, wenn der Schnee durch eine lange Verschlußzeit als Striche statt als Flocken dargestellt wird. Zu viele verwischte Fotos gleichzeitig zu zeigen würde freilich anstrengend für den Betrachter sein.

Stockenten auf einem See, British Columbia, Kanada. 20-mm-Objektiv, Blende 16, 1 Sek., Fujichrome 100

Bambus im Schneetreiben, Honshu, Japan. Zoomobjektiv 200–400 mm in 400-mm-Stellung, Blende 11, 1/30 Sek., Fujichrome 50

Gnus, Serengeti, Kenia.
Zoomobjektiv 200–400 mm in 400-mm-Stellung, Blende 11, 1/2 Sek., Kodachrome 64

Mitziehen der Kamera bei bewegten Motiven

AW In allen drei Fotos von laufenden Tieren in Afrika – Gnus, Zebras und Impalas – waren die Tiere sehr schnell, und es war nicht genug Licht vorhanden, um die Bewegung zu stoppen. Mit einer langen Verschlußzeit von 1/2 Sek. zog ich die Kamera in der Laufrichtung der Tiere mit. Mit welcher Geschwindigkeit dies erfolgen muß, lernt man im Laufe der Zeit.

Impalas, Botswana. Zoomobjektiv 200–400 mm in 400-mm-Stellung, Blende 16, 1/8 Sek., Fujichrome Velvia

MH Geschwindigkeit ist, wie Wind, ein abstrakter Begriff. Ob man sie erfolgreich im Bild festhalten kann, hängt davon ab, wie kurz oder wie lang die gewählte Verschlußzeit ist. Ohne Experimente geht es dabei nicht ab, wenn man einigermaßen vorhersehbare Ergebnisse erzielen will. Eines der berühmtesten Fotos eines laufenden Gepards stammt von dem deutschen Fotografen Günter Ziesler. Seine Agentur verkauft es immer wieder. Geparde symbolisieren Geschwindigkeit, und sein Foto, das das Tier in gestrecktem Galopp zeigt, ist ein besonders kraftvolles Bild.

Zebras, Botswana. Zoomobjektiv 200–400 mm in 400-mm-Stellung, Blende 11, 1/8 Sek., Fujichrome Velvia

AW Manchmal haben Sie genug Licht, um die Bewegung der Tiere mit einer kurzen Verschlußzeit einzufrieren. Schwimmende Wale beispielsweise oder Tümmler brauchen helle, sonnige Lichtverhältnisse. Bei den Impalas und dem Adler, beides extrem schnelle Tiere, wählte ich 1/500 Sek. bei gleichzeitigem Mitziehen. Bei dem Elefanten war das Licht zwar schwächer, doch da er ein größeres und langsameres Tier ist, reichte 1/250 Sek., um die Bewegung sowohl des Wassers als auch des Tieres selbst zu stoppen.

MH Manchmal kann es auch interessant sein, die Aktion klar zu erkennen und es der Phantasie zu überlassen, was nach der im Foto eingefrorenen Bewegung wohl geschehen wird. Wird der Adler den Fisch fangen? Die Kraft des strömenden Flusses, den der Elefant zu durchqueren versucht, kommt in diesem Fall eingefroren deutlicher zum Ausdruck, als wenn das Wasser verwischt dargestellt worden wäre. Es ist genau das Gegenteil von dem Bild des Braunbären am Katmai-Wasserfall.

OBEN:
Impalas, Botswana. Zoomobjektiv 200–400 mm in 400-mm-Stellung, Blende 4,5, 1/500 Sek., Fujichrome Velvia

LINKS:
Weißkopfseeadler, Alaska. Objektiv 5,6/800 mm, Blende 5,6, 1/500 Sek., Fujichrome 100

Elefant beim Durchqueren des Samburu-Flusses, Samburu National Park, Kenia. Zoomobjektiv 200–400 mm in 400-mm-Stellung, Blende 4,5, 1/250 Sek., Fujichrome Velvia

Blitz über Saguarokaktus, Sonora-Wüste, Arizona. 20-mm-Objektiv, Blende 5,6, Verschlußstellung B, Kodachrome 64

Ungewöhnliche Effekte durch lange Verschlußzeiten

AW Diese Aufnahme entstand während eines Gewitters über der Sonora-Wüste in Arizona – nicht unbedingt zur Nachahmung empfohlen. Die Kamera befand sich auf einem Stativ, so daß ich den Verschluß in B-Stellung über einen Drahtauslöser mit Feststeller offenhalten konnte. Als die Blitze, nur Momente auseinander, aufleuchteten, einer hinter dem Kaktus und einer über meiner Schulter, lieferten sie eine gleichmäßige Beleuchtung, die die ganze Szene in helles Licht tauchte. Es ist nicht ganz ungefährlich. Brenzliger wird es vor allem, wenn Blitze rasch aufeinander folgen. Ich ließ den Verschluß lange genug geöffnet, um den ersten Blitz hinter dem Kaktus einzufangen, und wäre damit schon zufrieden gewesen. Doch der zweite Blitz folgte, bevor ich reagieren konnte. Das Ergebnis ist gelungen, es zeigt die Szene sowohl im Gegenlicht als auch mit Frontalbeleuchtung.

Über die Jahre hinweg habe ich festgestellt, daß einige meiner dramatischsten Aufnahmen unter den widrigsten und unangenehmsten atmosphärischen Bedingungen entstanden sind – bei Schneestürmen, stürmischen Winden, heftigem Regen und bei Gewitter.

MH Hier haben wir ein Beispiel dafür, daß die Kamera Erscheinungen aufzeichnen kann, die zu schnell für das menschliche Auge ablaufen. Schnelle Verschlußzeiten versetzen uns in die Lage, uns zu einem späteren Zeitpunkt in Ruhe Bilder von Tieren anzuschauen, die gerade zum Sprung ansetzen, oder von schwebenden Kolibris. Hier dagegen hat die lange Verschlußzeit es ermöglicht, den Ablauf eines Blitzes oder sogar mehrerer Blitze gleichzeitig auf dem Film festzuhalten.

Arts Blitzfoto ist ein Beispiel für eine Situation, in der ich nicht unbedingt mit dem Fotografen tauschen möchte. Schon wenn ich mir das Bild ansehe, glaube ich spüren zu können, wie meine Haare vor Elektrizität knistern. Vor einigen Jahren erhielten wir eine Serie von Blitzfotos, die von einem jungen Mann aufgenommen worden waren, der den Sommer über als Feuerwache im Südwesten arbeitete. Er verbrachte Wochen damit, von einem Turm aus nach

Feuer Ausschau zu halten, und konnte einige bemerkenswerte Aufnahmen machen, die wir als Portfolio veröffentlichten. Diese Aufnahmen zu machen war ein echtes Wagnis, doch die Ergebnisse waren atemberaubend schön.

Ein anderes Mal brachten wir ein Essay von einem japanischen Fotografen, der Nordlicht fotografiert hatte, wieder nur ermöglicht durch extrem lange Belichtungszeiten. Natürliche Phänomene wie diese lassen sich nur durch die Technologie der Kamera und die Fähigkeit des Fotografen einfangen.

AW Das Fotografieren von Sternenspuren ist ähnlich dem von Blitzen oder von Wasserfällen, es funktioniert nur mit langen Belichtungszeiten. Ich stelle dabei den Verschluß auf B ein, benutze einen Drahtauslöser mit Feststeller, wähle die größte Blende (2,8 bei den meisten meiner Objektive) und stelle die Entfernung auf Unendlich ein. Wenn kein Mond zu sehen ist, wird der Himmel in tiefem Schwarz wiedergegeben.

In dem Beispiel unten mit den Bergen von Tramserku im Himalaja hatte ich den Bildausschnitt schon eingestellt, bevor es dunkel wurde. Als die Sonne unterging und das direkte Licht hinten den Bergen verschwand, erschien ein warmes Glühen am Abendhimmel und beleuchtete die Berge noch mit einem weichen Licht. Das Licht war schon so schwach, daß es eine Belichtungszeit von vier Sekunden erforderte. Nach drei Sekunden hielt ich den Objektivdeckel vor die Frontlinse, damit der Berg nicht überbelichtet wurde. Als es dann völlig dunkel war, nahm ich den Objektivdeckel ab und belichtete sechs Stunden lang, während die Sterne erschienen und über den Himmel wanderten.

Der Grund für dieses Vorgehen ist die Tatsache, daß sich absolut standgenaue Doppelbelichtungen ohne leichtes Verschieben des Films nur mit einer Kamera mit Pin-Registrierung durchführen lassen. Würde sich der Film nur geringfügig verschieben, kämen die Sternenspuren aus dem Berg heraus, was unwirklich aussähe. Durch die eine Belichtung, obwohl sie durch den Objektivdeckel unterbrochen wurde, vermied ich das Verschieben des Films.

MH In Situationen wie dieser dürfen Sie nicht allzu viele Fehler machen. Erneut vermitteln uns die Kamera und der erfahrene Fotograf eine Erfahrung, die wir mit bloßem Auge nicht machen können. Als Art diese Aufnahme an unser Magazin schickte, hielten wir sie für so außergewöhnlich, daß wir sofort entschieden, sie für ein Titelbild oder als Aufmacher für die Seite mit dem Inhaltsverzeichnis zu verwenden. Das Foto wurde im Januar 1991 als Aufmacher veröffentlicht.

Sternenspuren über Mount Tramserku, Himalaja, Nepal. Zoomobjektiv 200–400 mm in 400-mm-Stellung, Blende 4,5, 6 Stunden Belichtungszeit, Kodachrome 64

RECHTS:
Kakteen, Arizona.
55-mm-Makroobjektiv, Blende 2,8, 1/125 Sek., Fujichrome Velvia

GANZ RECHTS:
Kakteen, Arizona.
55-mm-Makroobjektiv, Blende 22, 1 Sek., Fujichrome Velvia

Kakteen, Arizona.
55-mm-Makroobjektiv, Blende 8, 1/8 Sek., Fujichrome Velvia

Abblenden für bessere Gestaltung mit der Schärfentiefe

AW Die erste dieser Aufnahmen entstand mit Blende 2,8, die nur eine sehr geringe Schärfentiefe erzeugt. Bei dem zweiten Foto, mit Blende 8 aufgenommen, erscheinen die Kakteen in der mittleren Entfernung schon schärfer, und bei der dritten Aufnahme mit Blende 22 sind Vorder- und Hintergrund gleichermaßen scharf.

MH In diesem Foto ist durchgehende Schärfe ein Muß, nicht nur unter dem Aspekt der Veröffentlichung, sondern auch, um die stärkste Bildaussage zu erzielen. Wenn das Auge feinen Details durch die Tiefe des Bildraums folgen soll, ist es störend, wenn Vorder- oder Hintergrund unscharf sind. Die Bildelemente außerhalb der Schärfe lenken das Auge ab. Wir erwarten normalerweise, alles scharf und klar zu sehen, abgesehen von Dingen, die zu dicht vor uns liegen, um das Auge darauf fokussieren zu können. Wenn Sie sich für eines von beiden entscheiden müssen, wählen Sie die Schärfe für den Vordergrund, da das Auge des Betrachters ohne störende Hindernisse in den Bildraum wandern können muß.

AW In beiden Fotos habe ich die größtmögliche Schärfentiefe gewählt, um sicherzustellen, daß alles im Bild durchgehend scharf war. In diesem Fall war die Blende 22.

MH Ich kann mir keines der beiden Fotos mit irgendeinem Bereich darin unscharf vorstellen. Die gestochen scharfen Wildblumen im Vordergrund springen uns förmlich entgegen, trotzdem werden wir durch die Vielzahl ähnlicher Blüten gleichzeitig nach hinten in den Bildraum gezogen. Wenn all diese Elemente nicht durchgängig scharf abgebildet wären, würde der Eindruck einer üppigen Vegetation verlorengehen.

Im Foto von Death Valley ist die Schärfe im Vordergrund erforderlich, damit wir den Kontrast von Strukturen und Linien genießen und das Gefühl, daß diese Wüste sich unendlich weit erstreckt. Wieder vermittelt das Fehlen des Horizonts ein Gefühl der Zeitlosigkeit in dieser Landschaft.

OBEN LINKS: *Frühlingswiese, Mount Rainier National Park, Washington.* 20-mm-Objektiv, Blende 22, 1/2 Sek., Fujichrome Velvia

OBEN RECHTS: *Sanddünen, Death Valley, Kalifornien.* Zoomobjektiv 80–200 mm in 80-mm-Stellung, Blende 22, 1 Sek., Fujichrome Velvia

OBEN: *Blühende Kastillea, Banff National Park, Alberta, Kanada.* 55-mm-Makroobjektiv, Blende 22, 1 Sek., Fujichrome Velvia

UNTEN: *Blühende Kastillea, Banff National Park, Alberta, Kanada.* 55-mm-Makroobjektiv, Blende 8, 1/8 Sek., Fujichrome Velvia

RECHTE SEITE: *Walrösser, Round Island, Alaska.* Objektiv 2,8/300 mm, Blende 11, 1/15 Sek., Kodachrome 64

RECHTE SEITE UNTEN: *Walrösser, Round Island, Alaska.* Objektiv 2,8/300 mm, Blende 11, 1/15 Sek., Fujichrome 100

Freistellen mit offener Blende und geringer Schärfentiefe

AW Hier haben wir zwei Vergleichsaufnahmen einer blühenden Kastillea in den kanadischen Rocky Mountains. Das erste Foto entstand mit Blende 22. Beim Fotografieren von Blumen glauben viele, sie müßten durch maximale Schärfentiefe alle Teile der Pflanze durchgehend scharf abbilden. Dabei versäumen sie es, die Abblendtaste zu benutzen und das Sucherbild genauestens daraufhin zu überprüfen, ob nicht störende Elemente entstehen. Wenn sie dann den entwickelten Film zurückbekommen, sind sie enttäuscht, helle Flecken oder unruhige Strukturen zu finden, die sie im Sucher gar nicht bemerkt hatten. Nachdem ich in diesem Beispiel den Hintergrund zu unruhig fand, habe ich die Blende auf 8 geöffnet, so daß der diffuse Hintergrund in angenehmer Unschärfe zurücktritt. Die größere Blende liefert gleichzeitig eine kürzere Verschlußzeit.

MH Jetzt haben wir das umgekehrte Problem, daß wir nicht unbedingt alles innerhalb des Bildausschnitts gestochen scharf haben möchten. Dies ist einer der wesentlichen Unterschiede zwischen dem menschlichen Auge und der Kamera. Die Kamera ist in der Lage, die Schärfe gezielt zu verändern und einige Dinge scharf zu zeigen, andere dagegen unscharf. Natürlich können wir auch etwas dicht vor unser Auge halten und daran vorbeifokussieren. Wir sehen dann ein unscharfes Objekt im Vordergrund vor einem scharf gesehenen Hintergrund. Doch das Auge kann sich nicht auf beides zugleich konzentrieren, es springt zwischen beiden hin und her.

Die Fähigkeit der Kamera zur selektiven Scharfeinstellung kann dazu benutzt werden, ein Objekt scharf von einem völlig unscharfen Hintergrund zu isolieren. Dies läßt sich mit langen Brennweiten besonders gut erreichen. Da eine kurze Verschlußzeit gegen Verwackeln ohnehin erforderlich ist, werden diese Objektive meist mit großen Blendenöffnungen verwendet, was mit einer sehr geringen Schärfentiefe einhergeht.

Filme und ihre unterschiedliche Farbwiedergabe

AW Viele Jahre lang hatten Profifotografen keine Alternative, als Kodachrome 25 oder 64 zu benutzen. Ektachrome-Filme besaßen nicht die Langzeit-Archivfestigkeit, das heißt, ihre Emulsionen blieben

Gepardenjunge, Mara River, Masia Mara National Park, Kenia. Zoomobjektiv 200–400 mm in 200-mm-Stellung, Blende 11, 1/60 Sek., Fujichrome 100

Amerikanischer Uhu, Point Lobos, Kalifornien. Zoomobjektiv 200–400 mm in 400-mm-Stellung, Blende 4,5, 1/15 Sek., Kodachrome 64

LINKE SEITE OBEN: *Gepardenjunge, Mara River, Masia Mara National Park, Kenia.* Zoomobjektiv 200–400 mm in 200-mm-Stellung, Blende 11, 1/30 Sek., Kodachrome 64

Amerikanischer Uhu, Point Lobos, Kalifornien. Zoomobjektiv 200–400 mm in 400-mm-Stellung, Blende 5,6, 1/15 Sek., Fujichrome 100

nicht stabil, was nach einer gewissen Zeit zu Farbverschiebungen führte. Probieren Sie es einmal mit Filmen aus der grünen Schachtel: Fujichrome-Filme liefern eine höhere Farbsättigung und Farbbrillanz verglichen mit den subtileren Farben des Kodachrome. Mittlerweile gibt es auch einige Filmtypen anderer Hersteller mit dieser Charakteristik.

MH Bildredakteure hatten eine gewisse Vorliebe für Kodachrome-Dias, doch dies ändert sich zunehmend, da immer mehr Fotografen zum Fujichrome übergehen. Ihnen gefallen die brillanteren Farben, das feine Korn und die ausgezeichnete Detailwiedergabe. Die naturgetreue Farbwiedergabe liegt sicherlich immer noch irgendwo zwischen den beiden Filmtypen. Bis heute gibt es keinen Film, der die Farben so wiedergibt, wie wir sie wahrnehmen. Fotografen müssen die Farbcharakteristik ihrer bevorzugten Filmmaterialien unter verschiedenen Lichtverhältnissen austesten.

Das menschliche Auge kann etwa neun bis zehn Millionen Farbtöne differenzieren. Ich bezweifle, daß irgendeiner der derzeitigen Farbfilme auch nur annähernd diese Zahl erreicht oder in Zukunft erreichen wird, und die Filmhersteller schweigen sich in ihren Datenblättern auch darüber aus.

Beim Vierfarbendruck, der heute allgemein verwendet wird, können die Drucker laut eigener Aussage eine unendliche Zahl von Farbtönen naturgetreu wiedergeben. Doch wenn Sie ein Originalgemälde mit einem Vier- oder gar Sechsfarbendruck des Gemäldes vergleichen, sehen Sie Unterschiede zwischen beiden. Da die Wiedergabe des Originals von einer fotografischen Reproduktion davon erstellt wurde, läßt sich nicht genau bestimmen, wo die Abweichung entstand – in der Filmwiedergabe oder den Druckfarben.

Gabelbock-Kitz, Red Rocks National Wildlife Refuge, Montana.
55-mm-Makroobjektiv, Blende 8, 1/30 Sek., Kodachrome 64

Filter für wärmere Farben

AW Ein Warmtonfilter 81A wird von mir öfter als alle anderen eingesetzt. Wenn Sie einen blauen Himmel haben und im Schatten fotografieren, sind sich viele Leute nicht darüber im klaren, daß die Schatten tatsächlich das Blau des Himmels reflektieren. Es ist, als ob man mit einem riesigen blauen Aufheller einen blauen Ton über alles legen würde. Wir reagieren gefühlsmäßig positiver auf warme Farben. Um dem Blaustich entgegenzuwirken, benutze ich daher ein 81A-Warmtonfilter, um so die Farbwiedergabe zu erzielen, die von den meisten als angenehm empfunden wird.

MH Glücklicherweise ist die Drucktechnik heute sehr weit fortgeschritten. Daran haben Laserscanner zur Herstellung der Farbauszüge großen Anteil. Durch manuelles Beeinflussen der roten, gelben, blauen oder schwarzen Farbauszüge kann der Bediener des Scanners einen Blaustich reduzieren oder das Gelb oder Rot anheben, um einen wärmeren Ton zu erzielen. Es ist jedoch immer besser, eine optimale Farbabstimmung schon im Originaldia zu haben, da dies ja schließlich vom Bildredakteur beurteilt wird. Bei *Audubon* haben wir peinlich genau die Farbauszüge kontrolliert und gegebenenfalls in ihrer Farbabstimmung korrigiert. Nicht alle Verlage führen strenge Qualitätskontrollen durch, und so geht auf diesem Gebiet durch solche Nachlässigkeiten eben auch manches daneben.

Gabelbock-Kitz, Red Rocks National Wildlife Refuge, Montana. 55-mm-Makroobjektiv, Blende 8, 1/30 Sek., Korrekturfilter 81A, Kodachrome 64

Grand Tetons, Wyoming. Zoomobjektiv 80–200 mm in 80-mm-Stellung, Blende 22, 1/8 Sek., Fujichrome 100

Grand Tetons, Wyoming. Zoomobjektiv 80–200 mm in 80-mm-Stellung, Blende 22, 1/30 Sek., Fujichrome 100

Gezielte Kontrastreduzierung durch Verwendung neutralgrauer Verlauffilter

AW Eines der am schwierigsten zu beherrschenden Gebiete bei Außenaufnahmen sind Szenen in hellem Licht, in denen helle Spitzlichter und tiefe Schattenbereiche gleichermaßen vorkommen. Beim ersten Foto habe ich auf die Schatten belichtet, beim zweiten auf die Bergspitzen. Beim dritten Foto habe ich ein neutralgraues Verlauffilter benutzt, um die hellen Berggipfel und den Himmel abzudunkeln und die Lichtwerte dadurch stärker einander anzugleichen. Die Grand Tetons im frühen Morgenlicht sind eine dieser kniffligen Aufnahmesituationen.

Das alte Gehöft liegt im Schatten der Berge, eindeutig zwei Blenden- oder Lichtwerte dunkler als die sonnenbeschienenen Berge. Dadurch fallen im zweiten Bild die Schattenpartien zu dunkel aus, wenn ich auf die Berge belichte. Das Verlauffilter kann im Halter nach oben oder unten geschoben werden und ist dadurch für Außenaufnahmen eine große Hilfe. Damit erschließen sich Situationen, die ohne dieses Hilfsmittel nicht zu bewältigen wären.

MH Dadurch, daß die extremen Kontraste in dieser Szene einander angeglichen wurden, ist ein druckfähiges Bild entstanden. Im ersten Bild erscheinen die Berge ausgewaschen. Im zweiten Foto lassen die dunklen Schatten keine Details erkennen. Das Endergebnis dagegen sieht so natürlich aus, wie wir es tatsächlich auch sehen.

Das Auge kann sich automatisch wechselnden Lichtintensitäten anpassen und die Details sowohl in den Lichtern als auch in den Schatten unmittelbar und problemlos wahrnehmen. Das Problem liegt beim Film. Er hat einen geringeren Kontrastumfang als unser Auge und kann bei hohen Kontrasten nur einen begrenzten Tonwertumfang wiedergeben. Das neutralgraue Verlauffilter hilft in diesen Fällen, den Helligkeitsunterschied zwischen Lichtern und Schatten zu reduzieren.

Grand Tetons, Wyoming. Zoomobjektiv 80–200 mm in 80-mm-Stellung, Blende 22, 1/8 Sek., neutralgraues Verlauffilter, Fujichrome 100

Devil's Marbles mit Geistereukalyptus, Nördliches Territorium, Australien.
20-mm-Objektiv, Blende 8, 1/8 Sek., Zirkular-Polfilter, Fujichrome Velvia

Seestern in einem Gezeitentümpel an der Küste Washingtons.
55-mm-Makroobjektiv, Blende 16, 1/8 Sek., Fujichrome Velvia

Polarisationsfilter

AW Der weiße Geistereukalyptus und der Felsbrocken wurden im Licht des späten Nachmittags einmal mit und einmal ohne Polarisationsfilter aufgenommen. Ich benutzte dazu ein 20-mm-Weitwinkelobjektiv. Das größere der beiden Fotos ist mit Polfilter aufgenommen. Es dunkelt den Himmel hinter dem Stein ab, so daß der Felsen klarer hervortritt, gleichzeitig wird der Baum aufgehellt.

Bei einem Weitwinkelobjektiv liefert ein Polfilter oft eine ungleichmäßige Abdunklung. Nicht so bei einem Teleobjektiv, wie Sie bei den des Mount Ama Dablam sehen. Ich ziehe das zweite Bild vor, weil das Polfilter bei ihm den Himmel abdunkelt und den hellen Berg besser hervortreten läßt.

Bei der Aufnahme des Gezeitentümpels benutzte ich das 55-mm-Makroobjektiv zunächst ohne Filter, danach mit dem Polfilter. Durch sorgfältige Wahl eines Winkels von etwa 90° zur Richtung der Sonne und Drehen des Polfilters konnte ich die Spiegelung auf dem Wasser beseitigen, so daß ich eine bessere Detail- und Farbwiedergabe der Dinge unter der Wasseroberfläche erzielte.

OBEN: *Devil's Marbles mit Geistereukalyptus, Nördliches Territorium, Australien.* 20-mm-Objektiv, Blende 11, 1/15 Sek., Fujichrome Velvia

Ama Dablam, Himalaja, Nepal.
Objektiv 2,8/300 mm, Blende 5,6, 1/8 Sek., Polarisationsfilter, Kodachrome 64

Bei den Delphinen auf Seite 136 benutzte ich ebenfalls das 55-mm-Objektiv mit dem Polfiter und hatte glücklicherweise eine ruhige, glatte Meeresoberfläche. Ohne den hochempfindlichen Ektachrome 400 wäre diese Aufnahme allerdings nicht möglich gewesen: Polfilter »schlukken« nämlich etwa anderthalb Blenden Licht. Dieser Film ermöglichte mir aber eine kurze Verschlußzeit, um diese schnellen Schwimmer einfangen zu können.

MH Ich persönlich bin der Meinung, daß Polfilter eine falsche Himmelsfarbe erzeugen, und als ich bei der Zeitschrift arbeitete, hatte ich eine Abneigung gegen Aufnahmen, die einen tiefblauen Himmel aufgrund des Polfilters zeigten. Doch Art hat recht damit, daß Polfilter oft die Dramatik einer normalen Lichtsituation verstärken. Bei den beiden Fotos des Baums und des Felsens hilft das Polfilter, das Überstrahlen des Felsens und des Baumstamms abzuschwächen. Als Folge davon wird die wirkliche Farbe von beiden wiedergegeben.

Der Nachteil, ein Weitwinkelobjektiv mit einem Polfilter zusammen einzusetzen, liegt darin, daß das Polfilter bei einem Winkel von 90° zur Sonne besonders wirksam ist und ein Weitwinkelobjektiv je nach Brennweite bis zu

Seestern in einem Gezeitentümpel an der Küste Washingtons.
55-mm-Makroobjektiv, Blende 11, 1/4 Sek., Polarisationsfilter, Fujichrome Velvia

OBEN: *Ama Dablam, Himalaja, Nepal.*
Objektiv 2,8/300 mm, Blende 8, 1/15 Sek., Kodachrome 64

140° abdeckt. Die Folge davon ist ein ungleichmäßiger Ton im Himmel. Ein Polfilter reduziert weiterhin die auf den Film gelangende Lichtmenge, so daß die Belichtung um etwa anderthalb Blenden- bzw. Lichtwerte verlängert werden muß.

Grundsätzlich bewegen sich Lichtwellen in alle Richtungen. Wenn sie jedoch von einer glänzenden Fläche, wie etwa Wasser oder glänzenden Blättern, reflektiert werden, wie es bei Arts Foto des Gezeitentümpels der Fall ist, wird Licht in einer Richtung reflektiert. Dadurch entsteht eine Spiegelung, durch die außerdem die Farben überdeckt werden. Ein Polfilter kann vor dem Objektiv so gedreht werden, daß die Lichtstrahlen, die für die Spiegelung verantwortlich sind, ausgeschaltet werden. Die Reflexionen werden somit reduziert, und die Farben treten wieder deutlicher hervor.

Gesteuerte Beleuchtung mit Blitz und Aufhellblitz

AW Manchmal ist es draußen erforderlich oder wünschenswert, Blitzlicht auch bei Tageslicht einzusetzen. Beim ersten Foto eines aus der Baumhöhle blickenden Sperlingskauzes im östlichen Washington lag die Höhle im Schatten. Dadurch stand nur wenig Licht zur Verfügung, was eine sehr begrenzte Schärfentiefe und einen Blaustich zur Folge hatte. Da das Tier ruhig in seinem Nest saß, konnte ich Blitzlicht einsetzen und natürlichere warme Farben erzielen. Auch wenn sich das Tier bewegt hätte, hätte ich durch den Blitz eine scharfe Abbildung der Bewegung erhalten. Dafür ist die Leuchtdauer und die Verschlußzeit jedes Elektronenblitzes kurz genug.

MH Die Farbstimmung ist im zweiten Bild eindeutig angenehmer, auch wenn sie den natürlichen Lichtverhältnissen nicht ganz entspricht. Die gesteigerte Schärfentiefe liefert außerdem eine bessere Gesamtschärfe, so daß das Foto eher zur Veröffentlichung geeignet ist. Ein störender Faktor bei Blitzaufnahmen von Tieren ist der Umstand, daß in den Augen häufig ein doppelter Reflex entsteht, der durch die beiden Blitzreflektoren verursacht wird. Es sieht ganz einfach unnatürlich aus.

Gemeine Delphine, Golf von Kalifornien, Baja California, Mexiko.
55-mm-Makroobjektiv, Blende 5,6, 1/125 Sek., Polarisationsfilter, Ektachrome 400X

Sperlingskauz in Baumhöhle, Washington. Zoomobjektiv 80–200 mm in 80-mm-Stellung, Blende 5,6, 1/15 Sek., Fujichrome Velvia

Sperlingskauz in Baumhöhle, Washington. Zoomobjektiv 80–200 mm in 80-mm-Stellung, Blende 11, 1/60 Sek., Blitzlicht, Fujichrome Velvia

Junge Waldohreulen, Washington. 50-mm-Objektiv, Blende 5,6, 1/60 Sek., Kodachrome 64

Junge Waldohreulen, Washington. 50-mm-Objektiv, Blende 16, 1/15 Sek., Blitzlicht, Kodachrome 64

Junge Waldohreulen, Washington.
50-mm-Objektiv, Blende 16, 1/60 Sek., Blitzlicht, Kodachrome 64

AW Das erste Foto wurde bei vorhandenem Licht mit 1/60 Sek. und Blende 5,6 gemacht, was eine recht geringe Schärfentiefe zur Folge hatte. Die am weitesten entfernte Eule ist nicht mehr scharf abgebildet. Ich entschloß mich daher, Blitzlicht einzusetzen, um die Schärfentiefe zu erhöhen. Gleichzeitig wählte ich eine längere Belichtungszeit, um einen Teil des vorhandenen Lichts zu nutzen und noch etwas vom Umfeld zu zeigen.

Beim zweiten Foto, aufgenommen mit Blende 16 und 1/15 Sek., beleuchtete der Blitz die Eulen, gleichzeitig blieb der Verschluß lange genug offen, um die Bäume und das Blattwerk im Hintergrund zu erfassen. Das dritte Foto entstand mit 1/60 Sek. und Blende 16, was die Illusion einer Nachtaufnahme vermittelt und damit dem Eindruck entspricht, den man mit Eulen allgemein in Verbindung bringt.

MH Der Vergleich dieser Bilder ist deshalb interessant, weil er zeigt, wie stark Farbe von der Lichtquelle abhängt. Im ersten Foto, das bei schwachem Umgebungslicht entstand, ist durch das reflektierte Licht des grünen Waldes ein Grünstich vorhanden, den der Film registriert. Durch die Verwendung von Blitzlicht, das weißem Licht sehr ähnlich ist, erscheinen die Farben der jungen Eulen naturgetreuer.

Ich persönlich mag das mittlere Bild am liebsten, da Eulen, wie bereits erwähnt, etwas Gespenstisches ausstrahlen. Dieses Gefühl wird durch den noch leicht sichtbaren Hintergrund eher verstärkt als durch das völlig schwarze, nachtartige Umfeld. Gerechterweise muß ich jedoch sagen, daß alle drei Fotos druckreif sind und hier persönlicher Geschmack den Ausschlag gibt.

AW Bei Sonnenschein verhindert der durch den Sonnenstand entstehende Schatten ein erfolgreiches Fotografieren, wie etwa bei dem Foto des Lemuren im Baum auf der rechten Seite. Die Hälfte seines Gesichts lag im Schatten, während der Hintergrund hell war. Ich wollte jedoch den Halbaffen nicht als Silhouette zeigen und setzte daher einen Aufhellblitz ein. Dadurch konnte ich die gesamte Szene gleichmäßig ausleuchten. Auch für den Königsglanzstar verwendete ich einen Aufhellblitz, um die schillernden Farben des Gefieders naturgetreu wiederzugeben.

MH Der Einsatz eines Aufhellblitzes bei Tageslicht erweitert die Möglichkeiten in der Naturfotografie beträchtlich. Der Fotograf kann dadurch auch Situationen mit starken Schatten meistern, wie es Art in der Aufnahme des Lemuren zeigt. Er kann ein Glanzlicht in den Augen erzeugen, die wahren Farben zum Leuchten bringen und unausgewogene Lichtverhältnisse ausgleichen. Fotografen nehmen Motive bereits in der Dämmerung auf, um den farbenprächtigen Himmel als Hintergrund zu benutzen, und beleuchten das Hauptmotiv im Vordergrund mit subtil dosiertem Blitzlicht.

Königsglanzstar, Kenia. Zoomobjektiv 200–400 mm in 400-mm-Stellung, Blende 8, 1/60 Sek., Aufhellblitz, Fujichrome Velvia

Sifaka-Lemur, Madagaskar. Zoomobjektiv 200–400 mm in 400-mm-Stellung, Blende 11, 1/60 Sek., Aufhellblitz, Fujichrome Velvia

Art Wolfe in einer Kolonie von Königspinguinen, South Georgia Island

MIT ART WOLFE UNTERWEGS

8

Als ich mich damals entschloß, meinen Lebensunterhalt künftig mit Fotografieren zu verdienen, empfand ich es als größte Herausforderung, mir klarzuwerden, welche Motive ich überhaupt fotografieren sollte und wie ich die Ergebnisse vermarkten würde. Die naheliegende Lösung war, schöne Bilder von Landschaften zu machen und sie in den Sportartikelgeschäften von Seattle auszustellen.

Ich gab das erste Jahr ein Vermögen für Vergrößerungen aus und konzentrierte mich im zweiten Jahr darauf, diese zunächst nur über ein Geschäft, der Recreational Equipment Inc. (REI), zu verkaufen. Ein Freund von mir schrieb damals an einem Buch über indianische Körbe aus dem pazifischen Nordwesten, daher bot ich mich an, das Fotografieren dafür zu übernehmen. Dann kam das Army Corps of Engineers auf mich zu, die meine Arbeiten von der REI her kannten. Ich hatte sechs Monate lang jede lebende Kreatur in einem Tal zu fotografieren, das mit einem Staudamm versehen werden sollte. Ich verlangte 10000 Dollar für den Auftrag, der mich die nächsten sechs Monate beschäftigen sollte.

Mein nächstes Ziel war, meine Bilder in einem Magazin zu veröffentlichen. Ich erkannte schnell, daß ich mit einer kompletten Fotogeschichte vorstellig werden müßte; deshalb mußte ich mir zunächst etwas einfallen lassen. Ich entschied mich für Motive aus der nahen Umgebung – die Olympic Mountains. An vielen Wochenenden den ganzen Sommer hindurch zog ich durch die Olympic Mountains, fotografierte die Tiere der hochgelegenen Wiesen, die Blumen und natürlich auch Landschaftspanoramen. Es gelang mir, eine Geschichte über die hohen offenen Bergzüge der nordöstlichen Olympics an das Magazin *Pacific Search* zu verkaufen.

Die Bedeutung eines regionalen Magazins sollte man nicht unterbewerten. Es ist gewöhnlich leichter, auf lokaler Ebene ins Geschäft zu kommen, wo die Konkurrenz nicht so groß ist.

Deshalb beschloß ich, meinen Horizont zu erweitern, und nahm mir die Rocky Mountains vor. Von dort aus machte ich Aufnahmen von der Küste Oregons und den Wüsten des Südwestens. Dabei behielt ich immer mögliche Geschichten im Auge und versuchte, jedes Motiv in unterschiedlichen Varianten zu fotografieren. Wenn ein Tier das Thema war, nahm ich es in verschiedenen Jahreszeiten und unterschiedlichen Umgebungen auf. Etwas so ausführlich wie möglich abzudecken war immer mein erklärtes Ziel.

Wenn ich heute auf einen ausgedehnten Trip gehe, nehme ich gewöhnlich drei Gehäuse mit, von denen ich zwei benutzen werde, während das dritte als Reserve für den Fall dient, daß eines der beiden ausfällt. Zu meinen Objektiven gehören ein 20-mm-Weitwinkel, ein 60-mm-Makro, ein Zoom 80–200 und das Zoom 200–400 oder das Supertele 2,8/300 mit 1,4fach-Konverter. In besonderen Fällen, vor allem wenn ich beispielsweise Bären, Raubvögel oder andere schwierig zu fotografierende Tiere als Motiv habe, nehme ich auch noch mein 800-mm-Tele mit.

Aus Gründen der Bildqualität nehme ich immer ein massives Stativ mit Kugelkopf mit. Meine bevorzugten Filme sind Fujichrome 50 und Kodachrome 64. Ich halte sie für die besten für meine Anforderungen, sowohl für freilebende Tiere als auch für Landschaften.

Populär: Tierfotos

AW Wenn ich ein Tierporträt aufnehme, achte ich als erstes auf direkten Blickkontakt. Ein Ranger kam einmal im Yellowstone National Park zu mir und bat mich, nicht zu nahe an Wapitis heranzugehen, die sich während eines Schneesturms hingelegt hatten. Außerdem sagte er, daß es kein gutes Foto sei, wenn die Tiere in die Kamera blickten. Ich fragte ihn, warum, und er sagte: »Es ist offensichtlich, daß sie den Fotografen sehen, und das wirkt unnatürlich.« Ich dankte ihm für den Ratschlag. Eine Menge Leute glauben, daß Augenkontakt gleichbedeutend damit ist, daß man das natürliche Verhalten der Tiere stört.

Grauer Wolf, Montana. Zoomobjektiv 200–400 mm in 400-mm-Stellung, Blende 5,6, 1/30 Sek., Ektachrome 400X

Mir sind jedoch genau die Fotos am besten in Erinnerung geblieben, bei denen es im Augenblick des Auslösens eine visuelle Verbindung zwischen dem Tier und mir gegeben hat. Wenn man den Menschen als einen Fremdkörper in der natürlichen Umwelt betrachtet, ist er tatsächlich als Eindringling anzusehen. Doch wir sind ja nicht von einem fernen Planeten auf die Erde gekommen, ich denke, wir sind Teil des gesamten Systems. Wenn wir uns selbst als integralen Bestandteil der Umwelt betrachten, bringen wir der Natur vielleicht mehr Respekt entgegen und mißbrauchen und zerstören sie nicht ständig aus Profitgier.

Ich versuche immer, die Persönlichkeit eines Tieres oder einen momentanen Blick in Richtung Kamera einzufangen. Ich hoffe, daß der Betrachter meiner Arbeiten im nachhinein das gleiche Gefühl von Spontaneität und Intimität empfindet wie ich im Moment des Auslösens. Ich finde, daß meine erfolgreichsten Aufnahmen diese Aussage haben. Das bedeutet nicht unbedingt, daß die Augen des Tieres direkt auf uns gerichtet sind, doch daß ich einen kurzen Blick oder Ausdruck festgehalten habe, der uns einen Einblick in das Verhalten des Tieres gibt. Wir beurteilen sowohl Menschen als auch Tiere nun einmal, indem wir ihnen in die Augen sehen.

Immer, wenn es mir gelang, den Ausdruck eines Tieres einzufangen, der menschlich wirkt, reagierten die Betrachter besonders positiv. Wir tendieren offensichtlich dazu, viele Tiere zu vermenschlichen, und einige meiner erfolgreichsten Fotos sind diejenigen, mit denen sich die Leute identifizieren können. Die beiden gähnenden jungen Löwen scheinen zu lachen, und es ist schwierig, beim Anblick dieses Fotos nicht selbst zu lächeln. Ähnliches gilt für die sich umsorgenden Rotgesichtmakaken, bei denen der eine Affe, der gerade vom anderen gepflegt wird, die Augen geschlossen hält. Wir interpretieren dies aus menschlicher Sicht, als ob es sich um einen Augenblick der Wonne handele. Ich habe den Eindruck gewonnen, daß Bilder, die eine Emotion auslösen, erfolgreicher sind, ob sie nun einen Sonnenaufgang oder zwei Tiere im Spiel miteinander zeigen.

MH Als Bildredakteurin war ich immer daran interessiert, Fotos von Tieren in freier Wilbahn zu finden, die mehr vermittelten als ein reines Porträt – Interaktionen, Verhalten, Tiere, die nicht den Fotografen anstarrten. Ich wollte immer das Gefühl haben, daß sich die Tiere unbeobachtet und ungestört.

Löwenjunge, Mara River, Masai Mara National Park, Kenia.
Zoomobjektiv 200–400 mm in 400-mm-Stellung, Blende 4,5, 1/125 Sek., Fujichrome Velvia

Rotgesichtmakaken, Honshu, Japan.
Zoomobjektiv 200–400 mm in 200-mm-Stellung, Blende 5,6, 1/60 Sek., Fujichrome Velvia

Babuin, Mara River, Kenia.
Zoomobjektiv 200–400 mm in 400-mm-Stellung, Blende 5,6, 1/25 Sek., Fujichrome 100

Grizzly, Denali National Park, Alaska. Zoomobjektiv 200–400 mm in 400-mm-Stellung, Blende 4,5, 1/125 Sek., Kodachrome 64

Das Porträt eines wildlebendes Tieres, das direkt in die Kamera blickt, war bei *Audubon* nicht gefragt. Offensichtlich gibt es aber auch dafür einen Bedarf. Die Zeitschrift *National Wildlife* beispielsweise bevorzugt diese Art von Aufnahmen für ihren Titel und Rücktitel. Ich habe beobachtet, daß auch viele Posterverlage solche Aufnahmen auswählen, auf denen das Tier den Betrachter direkt anschaut. Offensichtlich wird eine große Zahl von Betrachtern und damit Käufern davon angesprochen.

Porträtmaler sind der Ansicht, daß die Augen das »Fenster der Seele« seien und den Charakter einer Person offenbaren. Bei Tieren können wir nur raten, was sie gerade denken, und ich glaube, daß darin der besondere Reiz eines frontalen Porträts liegt.

AW Dieser Grizzly im Denali National Park sitzt auf seinem Hinterteil und streckt sein Hinterbein aus – kaum die Pose eines gefährlichen Raubtiers und auch nicht typisch für das, was wir zu sehen erwarten. Mir gefällt es, weil es mehr an Yogi-Bär erinnert, der sich entspannt.

Der Babuin in Kenia hält seine Lippe mit einem Zahn fest, doch wirkt er eher finster dreinblickend oder gar bedrohlich, teilweise deshalb, weil die Augen durch den Schatten der Stirn verdeckt werden. Bilder von Tieren mit diesem Gesichtsausdruck werden sowohl in der Werbung als auch in Verlagen auf vielerlei Weise verwendet.

MH Wie ich bereits beim vorangegangenen Beispiel erwähnt habe, ist es immer wieder erfrischend, einem Tier, das sich vom Fotografen unbeobachtet fühlt, bei einer Tätigkeit zuzusehen. Und eine solche unerwartete Pose kann menschlich und somit humorvoll wirken.

Wissenschaftler zucken für gewöhnlich zusammen, wenn menschliche Attribute auf das Verhalten von Tieren übertragen werden. Ich persönlich denke, daß Tiere eine eigene Intelligenz und ein eigenes Innenleben haben. Solange die Wissenschaft nicht eindeutig feststellen kann, was Tiere denken und was ihr Verhalten beeinflußt, sind wir frei, ihre Ausdrucksweisen nach Belieben zu interpretieren.

Bei Verlagen herrscht die Tendenz vor, in Kommentaren zu Fotos dieser Art den Tieren keine menschlichen Empfindungen zuzuschreiben. Bei *Audubon* wurden Bilder meist zur Illustration von Geschichten benutzt, deshalb konnten wir selten humorvolle oder nette Fotos gebrauchen.

Der kommerzielle Einsatz oder die Verwendung in der Werbung hat das Ziel, menschliche Eigenheiten durch Tierporträts zu vermitteln. Dies verleiht der Werbebotschaft auf eine unaufdringliche Weise Humor. Wenn man Menschen zeigt, wie sie komische Dinge tun, kann das einige Zielgruppen beleidigen, was eben nicht der Fall ist, wenn ein Tier das gleiche tut.

Nah heran bei Tieraufnahmen – Techniken draußen

AW Im Laufe der Jahre habe ich festgestellt, daß man nah an das Tier herankommen muß, trotz der Tatsache, daß viele von uns sehr lange Teleobjektive benutzen. Selbst mit einem 800-mm-Objektiv muß man sich schon ziemlich nähern, um den Bildausschnitt auszufüllen und ein ansprechendes Porträt zu erhalten. Bei anderen Gelegenheiten ist dies wiederum nicht wünschenswert, wenn etwa das Umfeld ebenso wichtig ist und ein größerer Abstand eingenommen werden muß.

Tieren wie Ziegen, Schafen oder Elchen kann ich mich leichter nähern, wenn ich gar nicht erst versuche, mich anzuschleichen. Bei Dallschafen, Guanakos oder Bergziegen, also bei Tieren, die im Berggelände leben, nähere ich mich ihnen von unten. Dies gibt ihnen die Möglichkeit, den Berg hinauf zu fliehen, was ihr normales Verhalten bei Gefahr ist. Da ich ihre Fluchtroute nicht blockiere, komme ich gewöhnlich näher heran, weil sich die Tiere dann sicherer fühlen.

Das Foto der Guanakos entstand im Nationalpark Torres del Paine im südlichen Chile. Sie blicken eindeutig zu mir herunter, da ich mich von unten näherte, bleiben dabei jedoch relativ gelassen und fühlen sich sicher. Mir gelangen viele verschiedene Aufnahmen von ihnen mit unterschiedlichen Brennweiten, und solange ich unterhalb von ihnen blieb, versuchten sie nicht zu fliehen. Auch bei dem Foto der Dallschafe habe ich von einem tieferen Standpunkt aus fotografiert. Das Muttertier ist so entspannt, daß es mir sogar den Rücken zukehrt, während das Junge meine Bewegung beobachtet.

UNTEN: *Dallschafe, Denali National Park, Alaska.* Zoomobjektiv 200–400 mm in 400-mm-Stellung, Blende 11, 1/60 Sek., Fujichrome Velvia

MH Eines unserer Anliegen bei *Audubon* war, daß Tiere in der freien Natur nicht um Fotos willen gestört wurden. Wir hörten immer öfter Geschichten von Fotografen, die ein freilebendes Tier scheuchten, um ihr Nahporträt zu bekommen, und die dabei manchmal das Tier beim Ruhen, der Nahrungsaufnahme oder dem Versorgen der Jungen störten. Wir befürchteten, daß nur einige Fotografen, die sich so verhielten, alle anderen in Verruf brachten. Wir waren jedoch betroffen darüber, daß

die Szene so im Wettbewerb stand und dieses Verhalten offensichtlich einen gefährlichen Trend markierte.

Wir hatten außerdem eine Verantwortung als einer der größten Aussteller von Fotos von Tieren in freier Wildbahn und wollten solches Verhalten nicht dulden oder gar unterstützen. So vermieden wir es, Nahaufnahmen von gefährlichen Tieren zu veröffentlichen. Wir befürchteten nämlich, Leute in ihrem Glauben zu bestärken, man könne sich den Tieren bedenkenlos nähern.

Wir gingen sogar so weit, einige unserer Autoren zu bitten, einen Artikel dem gesamten Komplex der Ethik in der Naturfotografie zu widmen. Wir standen jedoch vor einem Dilemma: Wenn wir keine spezifischen Beispiele für unethisches Verhalten in der Natur zitierten und keine Namen nennen konnten, hätten wir keinen glaubwürdigen Beitrag. Wenn wir jedoch Tatsachen schilderten und Namen nannten, setzten wir uns dem Risiko aus, wegen Verleumdung verklagt zu werden.

OBEN: *Guanakos, Torres del Paine National Park, Chile.* Objektiv 2,8/300 mm, Blende 8, 1/60 Sek., Kodachrome 64

Elchkuh, Denali National Park, Alaska.
Objektiv 2,8/ 300 mm, Blende 8, 1/60 Sek., Kodachrome 64

AW Dem Elch im Denali National Park konnte ich mich bis auf rund neun Meter nähern, ohne mich verstecken zu müssen. Wenn ich Rotwild oder Elche im Wald fotografiere, schleiche ich nicht herum und krieche hinter Bäume oder Büsche. So lassen mich die Tiere ziemlich nahe heran. Wenn ich dicht über den Boden krieche, betrachten sie mich viel eher als gefährliches Tier, und sie werden viel nervöser, als wenn ich mich offen nähere. Bei Eulen, Raubvögeln und Bären vermeide ich direkten Blickkontakt. Anscheinend fühlen sie sich durch Blickkontakt herausgefordert.

Bei dem Seehund saß ich ruhig auf einem Felsen am Wasserrand. Seehunde sind von Natur aus neugierige Tiere. Ich blieb absolut ruhig, als er auftauchte und immer näher kam, und mir gelangen einige gute Aufnahmen mit dem 400-mm-Tele. Bei allen Aufnahmen benutzte ich ein Stativ.

Wenn ich nach Eulen in ihrem Nistgebiet im Wald Ausschau halte, vermeide ich tunlichst jeden Blickkontakt, sobald ich ein Tier entdeckt habe. Statt dessen baue ich das Stativ an einer Stelle auf, von der aus ich eine gute Sicht auf den Vogel habe, setze Kamera und Objektiv auf das Stativ, verstecke meinen Kopf hinter dem Sucher und schwenke das Objektiv zu der Eule, wobei ich die ganze Zeit den direkten Augenkontakt vermeide. Sich einem Bären zu dicht zu nähern und direkten Blickkontakt zu haben kann die Karriere des Fotografen beenden, da Bären den Augenkontakt als Bedrohung empfinden. Das Wissen um solche Verhaltensweisen ist genauso wichtig wie die Fototechnik.

MH Die Karriere ist tatsächlich in zwei Fällen beendet worden. Als im Oktober 1986 William Tesinsky beim Versuch, eine Bärin im Yellowstone National Park zu fotografieren, getötet wurde, beauftragten wir einen unserer Redakteure, die Umstände seines Todes zu untersuchen. Tesinsky, der sich in der freien Natur auskannte, lebte im nahe gelegenen Great Falls in Montana. Er war Automechaniker und träumte davon, ein professioneller Naturfotograf zu werden. Seine Freunde sagten später, daß er fast alles getan hätte, um ein Foto zu bekommen. Ein Untersuchungsausschuß stellte abschließend fest, daß Tesinsky den Angriff dadurch herausgefordert habe, daß er sich der säugenden Bärin zu dicht genähert und damit überrascht habe. Sie griff ihn also in Selbstverteidigung an. Nichtsdestotrotz wurde sie »vernichtet«.

Etwa sechs Monate später kam Chuck Gibbs, ebenfalls engagierter Amateurfotograf und Bärenfreund, im Glacier National Park zu nahe an eine säugende Bärin und ihre drei Jungen heran und wurde dabei getötet. Die Bärin wurde diesmal nicht erschossen.

Seehund, Monterey Bay, Kalifornien. Zoomobjektiv 200–400 mm in 400-mm-Stellung, Blende 5,6, 1/25 Sek., Fujichrome Velvia

Leopard, Samburu National Park, Kenia.
Objektiv 5,6/ 800 mm, Blende 5,6, 1/30 Sek., Fujichrome 100

AW Bei dem Leoparden auf dem Baum habe ich ein 800-mm-Teleobjektiv von einem Auto aus eingesetzt. Man darf das Fahrzeug nicht verlassen, aber da die meisten Tiere in afrikanischen Nationalparks an Fahrzeuge gewöhnt sind, fungiert der Wagen perfekt als Versteck, mit dem man wesentlich näher herankommt als ohne Schutz. Wäre ich ausgestiegen, hätte der Leopard mit Sicherheit die Flucht ergriffen. So aber beobachtet er uns genau, jedoch ohne sich gestört zu fühlen.

Den Wapitihirsch entdeckte ich aus relativ großer Entfernung, und da ich sah, daß er sich in meine Richtung bewegte, blieb ich an Ort und Stelle. Er näherte sich mir tatsächlich bis auf etwa acht Meter, so daß mir mit dem 200–400-mm-Zoomobjektiv dieses Foto gelang. Wenn Sie ein Tier auf sich zukommen lassen, erzielen Sie gewöhnlich ein besseres Foto, als wenn Sie um das Tier herumschleichen und seinen Aktionsradius einengen.

MH Ich beauftragte einmal einen gewissenhaften Fotografen, das Leben wildlebender Tiere in der Prärie zu dokumentieren. Er brauchte dafür zwei Jahre, weil wir feststellten, daß wir dazu Fotos von nistenden Vögeln benötigten; so zog sich die Arbeit bis zum folgenden Frühling hin. Als er zurückkam, rief er mich sehr geknickt an. Das Nest, das er entdeckt und fotografiert

hatte, war am nächsten Tag ausgeraubt worden. Als er zurückkehrte, um es zu untersuchen, konnte er nirgends die Jungen entdecken. Er hatte geglaubt, es wäre gut genug versteckt gewesen; doch hatte ein Waschbär, eine Beutelratte oder eine Schlange seinen menschlichen Geruch wohl gewittert und war so zum Nest geführt worden. Er schwor sich, nie wieder den gleichen Fehler zu machen.

Die Regel lautet: »Mache nur Fotos und lasse nur Fußabdrücke zurück.« Manchmal allerdings kann sogar selbst Fotografieren Schaden anrichten.

Wapitihirsch, Yellowstone National Park, Wyoming.
Zoomobjektiv 200–400 mm in 400-mm-Stellung, Blende 11, 1/60 Sek., Fujichrome 100

Wapitihirsch, Yellowstone National Park, Wyoming.
Zoomobjektiv 200–400 mm in 200-mm-Stellung, Blende 11, 1/60 Sek., Fujichrome 100

Weißwedelhirsch, Monterey, Kalifornien. Zoomobjektiv 200–400 mm in 200-mm-Stellung, Blende 5,6, 1/60 Sek., Fujichrome Velvia

Den entscheidenden Moment vorhersehen

AW Bei Außenaufnahmen vermittelt mir die Fotografie das Gefühl, mit der Natur eins zu werden. Je länger ich mich mit einem Tier beschäftige, desto mehr befinde ich mich im Einklang mit seinen Bewegungen und seinem Verhalten, und während ich den Film durch die Kamera ziehe, dauert es oft bis zur zweiten, dritten oder vierten Filmpatrone, bis ich wirklich in die Position gelange, die mir von Anfang an vorgeschwebt hat.

Den Weißwedelhirsch, der sich durch die windzerzausten Zypressen auf der Monterey Peninsula bewegt, hatte ich aus weiter Ferne beobachtet, als er sich den Bäumen näherte. Ich wußte sofort, daß ich eine visuelle Beziehung zwischen ihm und diesen ganz eigenartig geformten Bäumen herstellen könnte, wenn er seine Richtung beibehielt. Ich bewegte mich parallel zu der Richtung, die der Hirsch einnahm, und als er sich der idealen Position näherte, hoffte ich, daß er genau an der gewünschten Stelle durch den Baum klettern würde.

Ich plante bereits im voraus, vor dem Tier an der richtigen Stelle zu sein. Ich stellte die korrekte Belichtung ein, fokussierte und wartete dann auf genau den Moment, in dem der Hirsch über den Ast steigen würde. Ich wußte, daß von allen Aufnahmen dieser Serie das oben auf Seite 155 abgebildete Foto meinen Vorstellungen entsprechen würde.

MH Henri Cartier-Bresson prägte den Ausdruck vom »entscheidenden Moment«, um genau den Augenblick zu charakterisieren, in dem der Fotograf das Motiv einfängt und eine ganze Welt oder einen Charakter im Moment des Auslösens festhält.

Heutzutage besitzen Kameras Motorantriebe, mit denen man wesentlich leichter flüchtige Augenblicke einfangen kann und die für das Fotografieren wildlebender Tiere besonders nützlich sind. Autofokusobjektive steigern ebenfalls die Wahrscheinlichkeit des Erfolgs bei bewegten Motiven. Doch selbst bei all der Unterstützung durch Automatiken müssen Sie immer noch wachsam sein und Belichtung und Bildausschnitt weitgehend vorher festlegen. Auge und Wahrnehmung sind immer noch unsere wichtigsten Werkzeuge.

Beim Fotografieren wildlebender Tiere ist vieles unvorhersehbar. Doch mit Erfahrung, Einschätzung und schneller Reaktion kann man mit diesen Unvorhersehbarkeiten umgehen. Auch das Wissen um das Verhalten eines Tieres steigert die Chance auf einen Erfolg. Wenn Sie beispielsweise wissen, daß ein männlicher Storch bei der Brautwerbung Stöcke für den Nestbau zum weiblichen Storch bringt, können Sie alles für den entscheidenden Moment vorbereiten.

OBEN:
Weißwedelhirsch, Monterey, Kalifornien. Zoomobjektiv 200–400 mm in 200-mm-Stellung, Blende 5,6, 1/60 Sek., Fujichrome Velvia

UNTEN:
Weißwedelhirsch, Monterey, Kalifornien. Zoomobjektiv 200–400 mm in 200-mm-Stellung, Blende 5,6, 1/60 Sek., Fujichrome Velvia

OBEN: *Puma, Arizona.* Zoomobjektiv 200–400 mm in 400-mm-Stellung, Blende 4,5, 1/8 Sek., Fujichrome 100

LINKS: *Buckelwal, Alaska.* Zoomobjektiv 80–200 mm in 80-mm-Stellung, Blende 2,8, 1/125 Sek., Fujichrome 100

RECHTE SEITE OBEN: *Weißwedelhirsche, Olympic National Park, Washington.* Objektiv 2,8/300 mm, Blende 4,5, 1/60 Sek., Kodachrome 64

RECHTE SEITE UNTEN: *Weißwedelhirsch, Olympic Mountains, Washington.* Objektiv 2,8/300 mm, Blende 5,6, 1/250 Sek., Kodachrome 64

AW Wenn ich ein bestimmtes Tier fotografiere, ist oft nur ein Moment, manchmal ein Bruchteil einer Sekunde absolut entscheidend, und der bestimmt, ob ich zu dem gewünschten Foto komme oder nicht. Bei der Silhouette der beiden Böcke vor dem Sonnenaufgang in den Olympic Mountains weideten die Tiere, und in einem bestimmten Moment blickten beide auf, gingen aufeinander zu und berührten sich mit den Nüstern. Dann war dieser Moment von einer Sekunde auf die andere vorüber, und sie kamen sich nicht wieder näher. Dies war sicherlich solch eine Situation, in der man zur richtigen Zeit an der richtigen Stelle sein muß, den flüchtigen Moment erkennen und festhalten muß.

Dies war im Falle des an die Oberfläche kommenden Buckelwals, als die Sonne hinter dem Fairweather Range im südwestlichen Alaska verschwand, der entscheidende Moment. Die Schwanzflosse ist nur für den Bruchteil einer Sekunde über der Oberfläche zu sehen.

Den Puma fotografierte ich am frühen Morgen bei schlechten Lichtverhältnissen, so daß ich zu einer langen Verschlußzeit gezwungen war. Glücklicherweise landete eine Krähe gerade in einem Baum in der Nähe und zog die Aufmerksamkeit des Pumas auf sich. Dies reichte gerade für eine Aufnahme mit 1/8 Sekunde.

MH Fotos von dieser Art waren genau jene Bilder, die wir immer suchten und zu finden hofften, den glücklichen Zufall in der Natur.

Ich glaube nicht, daß Fotos durch Video ersetzt werden. Eingefroren durch die Kamera können bestimmte Momente in einem Foto immer wieder betrachtet werden. Manche prägen sich so sehr ein, daß sie geradezu bildhaft werden, wie etwa Jim Brandenburgs oft veröffentlichtes Foto eines weißen Wolfes, der auf eine Eisscholle springt. Der Wolf springt weg von uns in den Bildraum hinein. Mitten in der Luft für alle Zeiten eingefangen, wird er zur Metapher für alles Leben auf unserem Planeten: wie er um sein Überleben kämpft, Risiken eingeht, sein Schicksal nicht kennt. Es ist ein eindringliches Foto.

Schnell wechselnde Lichtstimmungen

Vor kurzer Zeit war ich in Madagaskar und fand bei einer unglaublichen Lichtstimmung kein brauchbares Motiv. Es ist der schlimmste Alptraum für einen Fotografen. Wir fuhren durch ein entlegenes Gebiet und sahen, wie sich ein Sturm näherte. Es war dunkel vor uns, aber wo wir uns aufhielten, immer noch hell. Die Landschaft schien zu glühen, doch wohin ich auch blickte, ich sah nur flaches Land. Ich schrie: »Halt das Auto an, halt an, halt an.« Es war nicht einmal Zeit, das Stativ aufzubauen, was für mich fast so ist, wie ohne Hose nach draußen zu gehen. Meine Begleiter fragten mich nur noch, ob ich mein Stativ haben wollte, doch ich lief bereits los und schrie nur noch: »Keine Zeit mehr.«

Ich hatte ein Weitwinkelobjektiv an der Kamera, was mir 1/30 Sek. Belichtungszeit gestattete. Also rannte ich über die Ebene, bis ich diese beiden wandernden Männer traf. Es war keine Zeit für Gespräche, und ich wußte auch, daß sie kein Englisch verstanden. Regentropfen fielen bereits auf mein Gesicht, und ich wußte, daß sich jede Minute eine Sintflut über uns ergießen würde. Die Männer waren Zwillinge, beide waren über 1,90 Meter groß. Die meisten Madagassen sind kleiner als ich.

RECHTS:
Madagassen, Madagaskar.
20-mm-Objektiv, Blende 2,8, 1/30 Sek., Fujichrome Velvia

Zebras im Regen, Serengeti, Kenia.
Zoomobjektiv 200–400 mm in 400-mm-Stellung, Blende 5,6, 1/30 Sek., Fujichrome Velvia

Singschwäne und Spießenten, Hokkaido, Japan. Zoomobjektiv 80–200 mm in 80-mm-Stellung, Blende 11, 1/30 Sek., Fujichrome 100

Rotgesichtmakak, Honshu, Japan. Zoomobjektiv 200–400 mm in 400-mm-Stellung, Blende 4,5, 1/30 Sek., Fujichrome 100

Hier waren also diese beiden langen Bohnenstangen in zerlöcherter Kleidung. Ich hatte nicht einmal Zeit, Angst vor ihnen zu haben. Ich legte nur meine Hand auf ihre Brust und sagte: »Bleibt dort stehen.« Ich begann, von links und rechts mit dem Weitwinkelobjektiv zu fotografieren. Sie standen da und sahen mich an, und dann war es vorbei. Es begann zu regnen, und ich zog meine Jacke über meine Kamera und lief zum Auto zurück. Es war eine der besten Aufnahmen von Menschen, die ich je gemacht habe.

Es ist wohl für jeden Fotografen furchtbar, durch eine Gegend zu fahren und sagen zu müssen: Hier gibt es nichts zu fotografieren. Umgekehrt können Sie in der schönsten Landschaft sein; wenn das Licht grauenhaft ist, kommen Sie mit leeren Händen nach Hause.

AW Das Muster des Schnees auf dem langen Fell des Rotgesichtmakaken gibt dem Bild ein Gefühl von Räumlichkeit. Schnee streut, ebenso wie Nebel, Details und erlaubt Ihnen, mit der Kamera zu einer mehr impressionistischen Darstellung zu kommen. Die Zebras in der Serengeti wurden während eines der schwersten Unwetters aufgenommen, das ich je erlebt habe.

MH All diese Bilder haben eine besondere Atmosphäre, die uns ohne Worte über den Lebensraum eines speziellen Tieres informiert. Einige der interessantesten Bilder sind die unerwarteten. Tiere unter widrigen Wetterverhältnissen zu sehen läßt uns erkennen, daß das Leben für sie nicht immer leicht ist. Auch wenn ein Rotgesichtmakak an Schnee gewöhnt ist, müssen wir daran erinnert werden, daß sie, ohne zu klagen, unter solch ungünstigen Verhältnissen überleben müssen. Die Zebras sehen wir nicht wie gewöhnlich in einer sonnenbeschienenen, grasgrünen Savanne, sondern mitten in einem sintflutartigen Regenguß.

Eine kurze Zeit hatten wir eine Rubrik im Magazin, in der wir unerwartete oder ungewöhnliche Momente wie diese zeigten. Sie hieß: »Ein Bild …« und sollte bedeuten, »… sagt mehr als tausend Worte«. Das Format war eine Doppelseite, also ein Querformat wie unser Cover, und konnte nicht durch den senkrecht durchlaufenden Bund zerschnitten werden. Wegen dieser für Fotografen offensichtlich schwierig zu erfüllenden Vorgaben konnten wir einfach nicht genug Fotos finden, um diese Rubrik aufrechtzuerhalten. Es machte jedoch großen Spaß, nach solchen Fotos Ausschau zu halten. Das Magazin *National History* hat eine ähnliche Rubrik im Hochformat unter dem Titel »Moment in der Natur«.

OBEN: *Dickhornschaf, Montana.* Objektiv 2,8/ 300 mm, Blende 8, 1/125 Sek., Kodachrome 64

UNTEN: *Dickhornschaf, Montana.* Objektiv 2,8/ 300 mm, Blende 11, 1/125 Sek., Kodachrome 64

RECHTE SEITE OBEN: *Schnee-Eulen, Tundra in Alaska.* Zoomobjektiv 200–400 mm in 400-mm-Stellung, Blende 11, 1/30 Sek., Fujichrome 100

RECHTE SEITE UNTEN: *Schnee-Eulen, Tundra in Alaska.* Zoomobjektiv 200–400 mm in 400-mm-Stellung, Blende 11, 1/30 Sek., Fujichrome 100

Der beste Standpunkt

AW Wenn ich meine Kurse gebe, lasse ich meine Studenten gern ein bestimmtes Motiv wählen und auf unterschiedliche Weise fotografieren, von verschiedenen Standpunkten aus und bei wechselndem Licht oder mit unterschiedlichen Brennweiten. Das trainiert das Auge, und das jeweilige Motiv prägt sich ins Gedächtnis ein. Die Studenten lernen, was die Objektive oder verschiedene Tageszeiten ausmachen.

Das Dickhornschaf wurde auf einem Hügel in einem Bisongebiet aufgenommen. Das gleiche Tier, das gleiche Licht. Ich bewegte mich lediglich fünf Meter zu einer Seite. Der Hintergrund im ersten Bild sind dunkle Wacholderbäume, im zweiten ein Hügel – zwei völlig verschiedene Bildaussagen, die ich durch wenig Aufwand erreicht habe. Bei den jungen Schnee-Eulen mit den Tundrablumen fotografierte ich zunächst von einem leicht erhöhten Standpunkt nach unten und nahm dann eine niedrigere Position ein, um den bedeckten Himmel als Hintergrund zu bekommen. Die Konturen der Jungtiere heben sich gut davon ab.

MH Wir wählten die Eulen als Titel für *Audubon*, es war eine Variante des ersten Fotos. Was mir damals wie heute an diesem Foto gefiel und gefällt, ist die ungewöhnliche Perspektive, die die Eulen aus ihrer Augenhöhe zeigt. Als ich das Foto sah, wußte ich, daß es ein Titelbild sein würde. Man wird durch den Fluchtpunkt unmittelbar in ihre Welt hineingezogen. Die Nebeneinanderstellung von flüggen Vögeln und Blumen faßte unserer Ansicht nach die ganze Geschichte eines Sommers in der Arktis zusammen – wo eine Fülle von Leben innerhalb kurzer Zeit blüht und wo brütende Vögel ihre Jungen am Boden aufziehen müssen, weil es keine Bäume gibt.

Bildredakteure brauchen Vielfalt. Beim Illustrieren einer Geschichte werden die Bilder aus einer oder aus mehreren Quellen ausgewählt. Das Zusammenstellen von Worten und Text in einer Geschichte ist schwierig. Bilder und Text sollten übereinstimmen. Das Zusammenstellen von Bildpaar oder Bildgruppen ist bei längeren Beiträgen von großer Bedeutung, und wie auch in der Bildgestaltung wird das Aussehen einer Doppelseite durch das Zusammenspiel von Farben, Motiv, Raum und Linien bestimmt.

Es zeichnet einen guten Auftragsfotografen aus, eine reiche Bildauswahl für eine Geschichte zu liefern. Auch wenn wir wegen der Unwegbarkeiten selten Auf-

OBEN: *Säulenzypressen und Pinien in der Toskana, Italien.* Zoomobjektiv 200–400 mm in 400-mm-Stellung, Blende 11, 1/15 Sek., Fujichrome Velvia

RECHTE SEITE OBEN: *Säulenzypressen und Pinien in der Toskana, Italien.* Zoomobjektiv 200–400 mm in 400-mm-Stellung, Blende 11, 1/15 Sek., Fujichrome Velvia

RECHTE SEITE UNTEN: *Säulenzypressen und Pinien in der Toskana, Italien.* 20-mm-Objektiv, Blende 11, 1 Sek., Fujichrome Velvia

träge für Aufnahmen wildlebender Tiere vergaben, beauftragten wir doch Fotografen mit Geschichten über Menschen oder bestimmte Ereignisse.

Für den Fotografen sind Aufträge für jede Publikation stressig, weil er ohne Rücksicht auf die äußeren Bedingungen den Job innerhalb einer begrenzten Zeitspanne ausführen muß. Eine wahrlich nicht leicht zu erfüllende Aufgabe. Fotografen, die einem Bildredakteur eine reiche Bildauswahl liefern können, sei es durch neue Fotos oder aus ihrem Archiv, werden immer wieder angesprochen.

AW Wenn Sie ein interessantes Motiv in gutem Licht vorfinden, wäre es dumm, das Motiv nur von einem Standpunkt aus zu fotografieren. Ich habe oft ein Motiv von einem Blickwinkel aus fotografiert, habe mich dann zur gegenüberliegenden Seite begeben, von dort fotografiert und auch diesen Standpunkt variiert. So kann ich das gleiche Grundmotiv auf verschiedene Weise vermarkten, ohne Überschneidungen oder die Veröffentlichung von zwei gleichen Bildern befürchten zu müssen. Dieses Vorgehen zeichnet den routinierten Fotografen aus.

MH Wenn Sie vorhaben, Ihre Fotos zu vermarkten, müssen Sie vielseitig sein und eine Vielzahl von Motiven aus verschiedenen Perspektiven anbieten. Ein Bild zu komponieren heißt nicht immer, so zu fotografieren, wie es Ihnen optimal erscheint. Profis denken immer an die späteren Verwendungsmöglichkeiten, weil ein Foto manchmal Raum für Schriften bieten muß, etwa bei Titelfotos, oder weil ein Kalender ein bestimmtes Format vorgibt. Es lohnt sich allemal, verschiedene Ansichten aufzunehmen.

Die Fähigkeit, sich vorstellen zu können, wie ein Motiv aus unterschiedlichen Blickwinkeln wirkt, ist für einen Fotografen von großem Wert. Sie kann dazu führen, daß Sie neue, kreative Sehweisen entdecken.

Richard Frank

AM LEUCHTTISCH MIT MARTHA HILL

9

Bildredakteure haben, ob sie für ein Magazin, eine Bildagentur, einen Buchverlag oder Herausgeber von Kalendern oder Grußkarten arbeiten, vor allem eines im Auge – wie ein Bild in bezug auf den Betrachter bestmöglich verwendet werden kann. Fotos für eine kommerzielle Verwendung sind nicht unbedingt für Verlage geeignet und umgekehrt. Ein Bild von kämpfenden, blutigen Pitbulls mag für die Leser eines europäischen Magazins akzeptabel sein, wird jedoch Tausende von empörten Zuschriften beim amerikanischen Publikum hervorrufen. Ebenso ist das Foto eines nackten Babys sicher für eine Windelwerbung geeignet, jedoch völlig unpassend auf dem Cover von *Audubon*.

Bildredakteure üben in Verlagen gewöhnlich zahlreiche Funktionen aus, so wie auch Textredakteure. Zunächst prüfen sie alle Bildeinsendungen, ob angefordert oder unverlangt eingereicht, auf ihre Eignung für ihre Publikation. Sie wissen, welche Geschichten zur Zeit in Planung sind, was vorher gelaufen ist und was an Aufträgen vorgesehen ist. Wie eine bestimmte Geschichte oder ein Vorschlag in die gesamte Mischung von Beiträgen paßt, ist dabei nur eine von mehreren Erwägungen.

Wenn die Bildeinsendung nicht dem Standard des bislang veröffentlichten Materials entspricht, wird sie zurückgeschickt. Ferner muß man Illustrationen für solche Geschichten finden, die ohne Fotos eingereicht werden. Dann muß die Entscheidung getroffen werden, ob Fotos aus bekannten Quellen zusammengetragen werden können oder ob ein Fotograf damit beauftragt werden muß.

Wenn eine Geschichte oder Einsendung bearbeitet wird, werden alle Fotos auf dem Leuchttisch ausgebreitet. Jedes Einzelbild wird sorgfältig mit einer Vierfachlupe geprüft, die für Kleinbilddias die passende Vergrößerung besitzt. Das Projizieren von Dias ist aus mehreren Gründen nicht zu empfehlen. Zunächst können das Licht und die Hitze die Farbschichten im Laufe der Zeit etwas ausbleichen. Zum zweiten kann dieser Vorgang möglicherweise den Film zerkratzen, und zum dritten ist eine kritische Beurteilung der Schärfe so nicht möglich, auch wenn das Bild stark auf der Leinwand vergrößert ist.

Der Vorgang des Selektierens beginnt. Auf dem Leuchttisch sollten sich keine Bilder mit technischen Mängeln befinden, sofern es nicht einen wichtigen Grund gibt, sie trotzdem zu berücksichtigen. Dias, die nicht einwandfrei scharf sind, können für eine Vergrößerung im Vierfarbendruck ungeeignet sein.

Ein Kleinbilddia, im Hochformat auf eine volle Seite vergrößert, wird etwa um 800 Prozent vergrößert (eine Doppelseite entspricht einer Vergrößerung von etwa 1700 Prozent). Jegliche Umschärfe wird daher mitvergrößert, und da ein Litho für den Offsetdruck aufgerastert wird, werden unscharfe Kanten eher als Punkte statt als Linien wiedergegeben. Manche leicht unscharfen Fotos können verwendet werden, müssen dann aber fast immer klein abgebildet werden.

Nachdem die Bilder nach ihrer technischen Qualität sortiert worden sind, d.h. tadelloser Farbsättigung (Belichtung), Schärfe und guter Bildkomposition, kommen andere Aspekte ins Spiel, wie etwa künstlerischer Ausdruck, gefühlsmäßiger Inhalt, Einzigartigkeit und Aussagekraft, d.h., ob eine Geschichte erzählt wird. Dazu zählt auch, wie ein Bild verwendet werden kann (Titel, Inhaltsverzeichnis, redaktionell im Beitrag selbst). In den meisten Fällen treffe ich eine vorläufige Auswahl und schicke die überzähligen Bilder an den Fotografen zurück.

Art-Direktoren müssen den Spielraum haben, sowohl mit Querformaten als auch Hochformaten arbeiten zu können. Das Layout von Text und Illustrationen erfordert oft ein Beschneiden, Verschieben, Zusammenfassen zu Paaren, Verändern der Größe, damit alles in das Seitenraster der jeweiligen Publikation hineinpaßt. In manchen Magazinen werden auf einigen Seiten auch Anzeigen untergebracht. Gewisse Bilder brauchen viel Platz um sich herum, um »atmen« zu können. Mit all diesen Dingen muß sich ein Magazin befassen, die dem Fotografen vielleicht gar nicht bewußt sind.

Wenn Sie sich eine Publikation näher ansehen, werden Sie ihren Stil entdecken, wie Bilder mit Texten kombiniert werden. National Geographic zum Beispiel hat ein kleineres Seitenformat als die meisten anderen, was es schwermacht, viel Text und Bilder auf einer Seite unterzubringen und trotzdem den Bildern gerecht zu werden. Deshalb bringen sie dort meist einige Doppelseiten und verwenden Textspalten, die sich abheben (weiße Schrift auf dunklem Grund etwa). Sie benutzen kursive Schrift für Bildunterschriften, um zu verdeutlichen, daß diese Information von der im Lauftext abweicht. Allgemein ist man dort bestrebt, überladene und unruhige Seiten zu vermeiden.

Audubon war größer im Format, und wir hatten die Möglichkeit, einen Fotografen wirklich portfolioartig zu präsentieren. Wir haben selten eine Schrift im Bild selbst plaziert. Fotos hatten weißen Raum um sich herum, um atmen zu können, die Schrift war zur besseren Lesbarkeit einfach und in klaren Blöcken gehalten. Doppelseiten waren Bildern vorbehalten, die eine künstlerische Aussage oder im größeren Format eine stärkere Wirkung hatten. Zu viele davon war jedoch auch nicht gut, es wäre auf Kosten ihrer Aussagekraft gegangen; es ist visuelle Vielfalt, die Leben in die Seiten eines Magazins bringt.

Einreichen von Arbeiten

Ein Fotograf sollte nie Hemmungen haben, Kontakt mit einer Publikation aufzunehmen, vorausgesetzt, daß er seine Hausaufgaben gemacht hat, zurückliegende Ausgaben dieser Publikation studiert hat und sich informiert hat, welcher Stil dort gewünscht wird und welche Ansprüche gestellt werden. Wenn Ihre Arbeiten gut und für diese Publikation geeignet sind, sollten Sie nicht zögern, sie zusammen mit einem kurzen Begleitbrief einzusenden. Bildredakteure brauchen viele zuverlässige Quellen und wollen gewöhnlich das beste und neueste Material, das verfügbar ist.

Sie erwarten ebenfalls, daß Einsendungen einer strengen Qualitätskontrolle unterzogen worden sind; wenn Sie schwache Bilder mitschicken, hinterlassen Sie den Eindruck, als könnten Sie gute nicht von schlechten Bildern unterscheiden. Ihrer Bildbeurteilung wird man dann immer mißtrauen. Ich habe einmal einen großen Pappkarton erhalten, der bei all den unverlangten Bildeinsendungen lag. Es ärgerte mich. War das alles Plunder, oder lag da eine Menge an gutem Material vor mir? Eigentlich hätte ich den Karton ungeöffnet zurückgehen lassen sollen, doch statt dessen riskierte ich einen schnellen Blick, um zu sehen, welche Motive sich dort fanden.

Zu meinem Entsetzen sah ich Hunderte von Aufnahmen des gleichen Motivs – ein Koyote, der sich auf eine Maus stürzte. Die Sendung ging mit einem knappen Schreiben zurück. Als ich später einen Formbrief für Rücksendungen einführte, lautete eine der Kategorien »Material erfordert enge Auswahl«. Diese Arbeit sollte vom Fotografen erledigt werden. Ein Bildredakteur sollte eigentlich das Material nur im Zusammenhang mit den Geschichten im Magazin bearbeiten müssen, wenn es darum geht, die jeweilige Geschichte zu layouten und zu illustrieren.

Es ist für Sie nicht leicht, ihre eigenen Arbeiten einer Auswahl zu unterziehen. Doch wenn Sie dies nicht rigoros selbst tun, können Sie sicher sein, daß es der Bildredakteur tut. Ein Fotograf kam einmal mit der Idee für eine Geschichte zu mir. Wir betrachteten die Bilder, doch ich behielt keines davon. Er konnte seine Neugier nicht zurückhalten und fragte mich nach dem Grund. Ich sagte ihm, daß viele seiner Bilder nicht gut genug seien und daß es auf jeden Fall zu wenig gute für eine Geschichte seien. Er sagte: »Aber ich habe Wochen damit verbracht, meist im strömenden Regen, diese Fotos zu machen.«

Ein Bildredakteur hat nicht den gefühlsmäßigen Bezug zu den Arbeiten wie der Fotograf selbst, was dessen Urteilsfähigkeit beeinträchtigen kann. Die Qualität der Fotos ist alles, was zählt.

Manchmal jedoch sind Sie vielleicht gezwungen, technische Perfektion zu vernachlässigen, wenn ein Motiv ungewöhnlich genug ist. Als wir eine Geschichte über die Wiederentdeckung des östlichen Koyoten in Neuengland brachten, konnten wir keine guten Fotos finden. Statt ein Foto von einem leicht zu findenden westlichen Koyoten zu verwenden, brachten wir schließlich ein körniges Bild auf hochempfindlichem Film von echten östlichen Koyoten. In diesem Fall zählte die Authentizität mehr als die Qualität.

Wenn Sie Ihre Arbeiten zurückbekommen, muß das nicht unbedingt heißen, daß sie nicht gut waren. Sie können ganz einfach Arbeiten ähnlich sein, die bereits vorliegen oder zusammen mit Ihren Bildern eingereicht worden sind. Wenn Sie jedoch Ihre Hausaufgaben nicht gemacht haben und Fotos einschicken, die denen ähneln, die kürzlich veröffentlicht wurden, wird der betreffende Bildredakteur Ihr Material mit Sicherheit ablehnen. Wenn man gerade erst eine Geschichte über Lemminge gebracht hat, ist Ihre Einsendung mit Fotos von Lemmingen das letzte, was man dort sehen will.

Ich hatte einmal Probleme mit Fotografen, die ungeeignetes Material einschickten, und suchte einen Weg, wie ich sie davon abhalten könnte. Die Sache gipfelte in einer Einsendung, die Rosen in einem Garten mit Kindern und Pfahlzäunen zeigte. Ich hatte sie mit unserem Standardbrief zurückgeschickt, doch der war so höflich und zurückhaltend, daß er seinen Zweck offensichtlich nicht erfüllte. Einige Monate später erhielt ich eine weitere Sendung mit ähnlichem Material. Nach der dritten Einsendung wurde ich ärgerlich.

Zu dieser Zeit enthielt unser Formbrief folgenden Passus: »Vielen Dank für Ihre Einsendung an *Audubon*. Leider entspricht sie zur Zeit nicht unserem Bedarf.« So etwas ist natürlich wenig aufschlußreich, wenn Sie erfahren möchten, *warum* Ihr Material zurückgeschickt wurde.

Ich befragte verschiedene Fotografen, um zu sehen, wie sie reagierten, wenn sie einen Formbrief erhielten, in denen verschiedene Punkte als Gründe für die Rücksendung aufgeführt waren. Alle meinten, es sei hilfreich und konstruktiv. Wir entwarfen das folgende Formular, in dem die häufigsten Gründe für eine Ablehnung aufgezählt sind. In sieben Jahren, in denen wir dieses Formular benutzten, beschwerte sich nur ein Fotograf.

RÜCKSENDE-FORMULAR

Vielen Dank für Ihre Bildeinsendung an *Audubon*. Wir reichen Ihnen Ihr Material hiermit aus einem der folgenden Gründe zurück:

☐ **Angaben zur gewünschten Rücksendung zu sehr einschränkend**

☐ **Unbrauchbares Format** (☐ Vergrößerungen ☐ Duplikate ☐ Dias)

☐ **Engere Auswahl durch Sie erforderlich, zu viele Fotos**

- ☐ **Wir haben einen zu großen Vorrat an Bildern**
  - ☐ Versuchen Sie, das gleiche Material in ____ Monaten wieder einzureichen
  - ☐ Versuchen Sie, neues Material in ____ Monaten einzureichen
- ☐ **Material ist Fotos, die wir auf Lager haben oder veröffentlicht wurden, zu ähnlich**
- ☐ **Ungeeignetes Thema**
  - ☐ Studieren Sie unser Magazin und schicken Sie dann andere Arbeiten ein
- ☐ **Qualität des Materials entspricht nicht unserem Standard**
  - ☐ Arbeit scheint vielversprechend, versuchen Sie es später wieder
  - ☐ Aufgrund der Einsendung können wir Sie nicht ermutigen
  - ☐ Qualität von der Technik her zwar gut, aber vom Inhalt her nicht interessant genug

Wenn Sie Arbeiten einreichen, denken Sie bitte daran:

1. Fügen Sie bitte ausreichendes Porto bei, um die Rücksendung Ihres Materials sicherzustellen
2. Für unverlangte Einsendungen können wir keine Verantwortung übernehmen
3. Jahreszeitlich bezogenes Material sollte mindestes sechs Monate im voraus eingeschickt werden

Anzahl Dias ______________ Datum ______________ Beurteilt durch ______________

Zusätzliche Kommentare ______________________________

____

____

Jedes Jahr gibt es viele ernsthafte Naturfotografen, die versuchen, ihre Arbeiten bei einer begrenzten Anzahl von naturbezogenen Publikationen unterzubringen. Als ich 1978 als Bildredakteurin begann, beschränkten sich die unverlangten Einsendungen auf ein paar Briefumschläge pro Woche. Sechs Jahre später erhielten wir so viele Einsendungen, daß wir sie auf dem Flur stapeln mußten. Wir wurden regelrecht überschwemmt. Ich fragte Kay Zakariasen, Bildredakteurin der Zeitschrift *National History*, ob sie eine ähnliche Zunahme von Einsendungen in den letzten Jahren festgestellt habe. Es war bei ihr nicht der Fall. Ihr Problem war genau umgekehrt. Da ihre Publikation so stark wissenschaftlich ausgerichtet war, brauchte sie spezielles Bildmaterial. Sie mußte oft auf breiter Front nach geeignetem Bildmaterial zur Illustration ihrer Geschichten Ausschau halten.

Ob es eine Strategie in bezug auf das Einsenden oder Zeigen Ihrer Arbeiten gibt, hängt vom jeweiligen Redakteur ab. Allgemein ist es empfehlenswert, sich telefonisch oder schriftlich nach den gewünschten Modalitäten zu erkundigen. Manche Redakteure mögen die Fotografen nicht gern persönlich sehen. Sie fühlen sich unbehaglich und unter Druck gesetzt, wenn sie sich die Fotos in Gegenwart des Fotografen ansehen sollen. Andere wiederum brauchen vielleicht Spielraum beim Vereinbaren von Terminen. Bei Redaktionsschluß müssen sie Termine vielleicht verschieben. Die Leute, die meine Zeit nur wenig in Anspruch nahmen und gezielt zur Sache kamen, waren mir am liebsten.

Es kann gefährlich sein, das gleiche Material zur gleichen Zeit an verschiedene Kunden zu schicken. Solche Parallelsendungen können sich für den Fotografen nachteilig auswirken. Mehr als einmal mußten wir ein Bild oder eine ganze Geschichte, die bereits fertig zur Veröffentlichung war, herausnehmen, da jemand von uns festgestellt hatte, daß sie gerade erst in einer anderen Publikation erschienen war.

Es unterliegt der Verantwortung des Fotografen, einen Redakteur darüber zu informieren, ob das gleiche Bild an anderer Stelle ebenfalls zur Begutachtung vorliegt, da er der einzige ist, der weiß, wo sich welches Material von ihm befindet. Irrtümer dieser Art können einen Verlag eine Menge Geld kosten, und Redakteure werden dies kaum vergeben und vergessen. Durch solche Fehler kann sich der Fotograf das Geschäft mit diesen Verlagen, die sich an ihm die Finger verbrannt haben, auf alle Zukunft verderben.

Redakteure brauchen Fotografen, und Fotografen brauchen Redakteure. Wie in jedem anderen Geschäftszweig gibt es eine gegenseitige Abhängigkeit zwischen Käufer und Verkäufer. Natürlich spielen dabei auch persönliche Beziehungen eine Rolle. Mit manchen Menschen läßt es sich leichter zusammenarbeiten als mit anderen, und solche Fotografen werden von einem Bildredakteur am ehesten angerufen. Dies gilt besonders dann, wenn es um konkrete Aufträge geht.

Visuell eine Geschichte erzählen

Das Erzählen einer Geschichte mit Fotos ist dem Erzählen mit Worten sehr ähnlich. Alle guten Reporter lernen die Fragen »wer, was, wo, wann, warum« zu beantworten. Eine Bildgeschichte sollte die gleichen Fragen visuell beantworten. Immer mehr Magazine suchen nach ganzen Bildgeschichten, mit denen sie ihre Seiten beleben können. Es ist leichter, Bilder als Paket anzukaufen als das Material aus unterschiedlichen Quellen zusammenzutragen.

Damit sie besser verstehen, woraus eine Bildgeschichte bestehen könnte, habe ich eine Serie von Fotos über Eisbären aus dem Bildarchiv von Art Wolfe genommen. Ich wollte sehen, ob sich aus dem, was er irgendwann einmal eingereicht hatte, eine Geschichte zusammenstellen ließe. Ich nahm Fotos heraus, die mir gefielen oder von denen ich dachte, daß sie etwas aussagten, und beschränkte mich dabei auf 20 Fotos. Dabei wußte ich allerdings, daß die meisten veröffentlichten Geschichten letztlich nur die Hälfte der Bilder oder noch weniger enthalten würden. Die roten Punkte markieren meine Endauswahl für die Geschichte.

WER Eisbären. Da zwar alle Fotos aus der gleichen Gegend stammten – Churchill, Manitoba –, jedoch viele unterschiedliche Tiere zeigten, konnte die Geschichte nicht von einem einzigen Bären handeln. Sie mußte daher allgemeiner sein – über Eisbären, Eisbären in Churchill oder einen Aspekt im Verhalten von Bären.

Ich wählte ein Thema mit dem Namen »Warten auf den Frost«, um darum eine Geschichte zu bauen. Normalerweise wäre dies Aufgabe des Fotografen, der die Bildauswahl dazu einreicht. Nehmen wir an, wir bringen die Geschichte nur mit Bildern und Bildlegenden, ganz ohne Lauftext.

A

B

C

D

E

F

G

H

I

J

K

L

M

N

O

P

Q

R

S

T

F

Aufmacherseite

WAS Beim Erzählen einer Geschichte braucht man eine Einleitung, gleichgültig, ob mit Text oder Fotos. Je nachdem, ob die Aufmacherseite eine Doppelseite mit einem Querformat oder eine einzelne Seite im Hochformat ist, würde ich die beiden erwachsenen Bären beim Spiel wählen (Bild S, zu einem Hochformat beschnitten) oder Bild F, den im wunderschönen Licht auf dem Eis liegenden Bären. Bei beiden Bildern stellen Sie sich die Frage: »Was tun diese Bären gerade?«

Das Foto der beiden spielenden Bären würde ich nicht als Querformat bringen, weil sich das Geschehen in der Bildmitte abspielt. Es würde in den Bund fallen, schlechter zu erkennen sein und damit an Wirkung verlieren.

Den auf dem Eis liegenden Bären können wir dagegen ohne Bedenken zu einer Doppelseite vergrößern. Nichts Wichtiges wird durch den Bund zerschnitten, und es gibt jede Menge Farbflächen, die wir für eine eingeklinkte Überschrift oben und für eine Bildunterschrift unten benutzen können.

WO Churchill, Manitoba. Churchill ist einer der wenigen Orte auf der Welt, wo sich Eisbären in großer Zahl zusammenfinden. Was wir hier nicht haben, ist eine Luftaufnahme oder eine Landkarte, die Cape Churchill zeigt, ein etwa 110 Kilometer langer Küstenstreifen. Ersatzweise könnten uns auch einige andere Bilder den Charakter von Churchill vermitteln.

Während wir Churchill in den Vordergrund stellen, wo Bären und Stadtbewohner zusammentreffen, beantworten wir schon zum Teil die Frage nach dem »Warum« unserer Geschichte. Obwohl Abfall nicht der Grund dafür ist, daß sich die Bären hier versammeln, wurden hungrige Bären von dem Müll angelockt und kamen so in Kontakt mit der Bevölkerung. Wir hätten die erste Doppelseite auch aus einer Gruppe von Bildern zusammenstellen können – das Foto mit dem Abfall, das Schild als Farbtupfer und die Aufnahme der Bären mit dem Tundra-Fahrzeug.

Zweite Doppelseite

Unser Brief an den Redakteur müßte wichtige Informationen zu den Fotos enthalten, um zu erklären, was auf ihnen zu sehen ist, zum Beispiel:
»M«: Ursprünglich lockte die Mülldeponie die Bären in die Nähe der Stadt, was sowohl tagsüber als auch nachts zu einer Gefahr für die Einwohner wurde.
»T«: Selbst heute, nachdem die Deponie schon lange geschlossen ist, bilden die Bären immer noch eine Bedrohung. Es gibt ab neun Uhr abends ein Ausgehverbot für Kinder, und zwar während der sechs Wochen, in denen sich die Bären in diesem Gebiet aufhalten.
»E«: Einer der Einwohner machte das Beobachten der Bären zu einer Touristenattraktion. Er konstruierte den »Tundra-Buggy«, einen Spezialbus mit riesigen Reifen, so daß die Touristen die Bären aus sicherer Höhe aus den Fenstern beobachten und fotografieren können. Heute besitzt er sechs dieser Spezialfahrzeuge.

E

Für unser Layout könnten wir den Bären mit seiner Nase im Abfall unten links plazieren und mit dem Warnschild oben rechts auf der linken Seite der Doppelseite kombinieren. Auf der rechten Seite könnten wir dann den »Tundra-Buggy« so groß wie möglich und rechts angeschnitten bringen. Wir hätten auf dieser Doppelseite sicher weißen Raum für die Bildunterschriften.

WANN Der Herbst. Wegen der nordwestlichen arktischen Stürme bildet sich entlang dieses Küstenstreifens am frühesten Eis. Deshalb tauchen die Bären hier so zahlreich auf. Wenn die Hudson Bay kein Eis führt, gibt es auch keine Seehunde, und deshalb müssen alle Bären die Sommermonate in Höhlen verbringen und fasten. Im Herbst sind sie hungrig, und es treibt sie zum Jagen auf das Eis. Sie versammeln sich an der Küste, um auf den Frost zu warten.

Hier könnten wir eine Doppelseite dazu verwenden, die Aktivitäten der Bären zu zeigen. Etwa ein einzelnes ausgewachsenes Tier, zwei männliche Bären beim spielerischen Kämpfen und eine Nahaufnahme des schlafenden Bären. Damit wären wir beim »WARUM«.

Dritte Doppelseite

»*K*«: Ich habe das Foto des einzelnen Bären gewählt, wie er die Küste durchstreift, um die normalerweise einsame Existenz der Bären zu unterstreichen und um ihre Ruhelosigkeit zu zeigen, auf das Eis zu kommen.
»*S*«: Während sie auf den Frost warten, kämpfen und spielen die männlichen Bären miteinander, statt sich zu meiden. Manchmal kämpfen auch ältere Tiere mit jüngeren. Sie reagieren ihre normale Aggression durch solch harmlose Rangeleien ab. Diese erweisen sich später während der Paarungszeit als nützlich, wenn die Männchen im Ernst miteinander kämpfen.
»*C*«: Die Nahaufnahme des schlafenden Bären vermittelt eine interessante Perspektive und unterstreicht eine weitere Besonderheit der wartenden Bären. Wenn sie hungrig sind, sparen sie Energie durch Schlafen.

Unser Layout für diese Doppelseite hätte oben das Querformat des einzelnen Bären, seitenverkehrt, damit er in die Seitenmitte hineinläuft, und oben etwas angeschnitten. Unten hätten wir, so groß wie möglich, die Aufnahme der spielenden Bären. Auf der rechten Seite würde ich das Porträt des schlafenden Bären als seitenfüllendes Hochformat anordnen. Unsere Bildunterschriften könnten innerhalb der Fotos plaziert werden, wenn kein weißer Raum übrigbleibt.

C

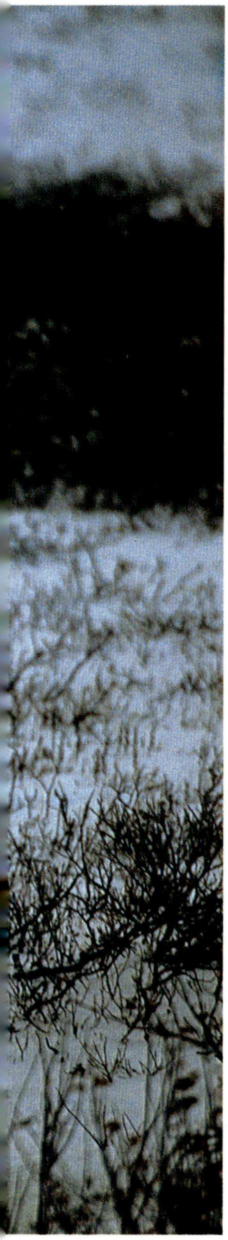

Letzte Doppelseite

Unsere Bildgeschichte braucht nun noch einen Abschluß, so, wie sie auch einen Aufmacher hatte. Für unsere letzte Doppelseite würde ich auf der linken Seite den Bären im Wasser zeigen, bevor die Bucht zugefroren ist. Ich habe aus dem Querformat ein Hochformat gemacht, um die ganze Seite auszufüllen. Auf der rechten Seite haben wir oben weißen Raum für die Bildunterschriften, darunter die Spuren eines Bären über zwei Drittel der Seite. Diese Bildkombination könnte ausdrücken, daß die Bären eines Nachts wieder verschwinden, sobald das Eis trägt. Sie kehren im Winter zu ihrem einsamen Dasein zurück und meiden sich bis zur Paarungszeit im Frühling.

So haben wir mit einigen wenigen Fotos und den passenden Bildlegenden eine mögliche Bildauswahl zusammengestellt, die wir einem Magazin zum Verkauf anbieten können. Grundsätzlich sind die wichtigen Elemente vorhanden: Wir haben ein Motiv, es erzählt etwas Interessantes, und wir haben einige farbintensive Details, um die Geschichte optisch attraktiv zu machen. Vielleicht habe ich dabei weder einige Ihrer noch meiner eigenen Lieblingsbilder ausgewählt. Wir mußten uns hier jedoch an die Handlung der Geschichte halten.

Beachten Sie bei der Auswahl die Vielfalt von Perspektiven – Nahaufnahmen, Teleaufnahmen, Weitwinkel-Ansichten. Dies ist wichtig, um einer Geschichte visuelle Dynamik zu verleihen. Wenn Bilder immer aus der gleichen Perspektive aufgenommen werden, sind sie als Gruppe betrachtet oft nicht so lebendig, es sei denn, das Thema ist der gleiche Fluchtpunkt.

Wir haben Bildgeschichten mit nur einer Perspektive innerhalb unseres Magazins mit Erfolg gebracht. Eine davon war ein Portfolio eines einzigen Baumes vom immer gleichen Standpunkt aus in den vier Jahreszeiten. Zwei andere Portfolios mit dem Titel »Tagesanbruch: Everglades« und »Tagesanbruch: Yellowstone« bezogen ihre Vielfalt aus den unterschiedlichen Lebensgewohnheiten von Tieren, die zu einer bestimmten Tageszeit an einer bestimmten Stelle beobachtet werden konnten.

Ein anderes Portfolio, eines meiner Favoriten, war eine Serie von eng gefaßten Nahaufnahmen von einem der ältesten Klischees in der Naturfotografie: taubedeckte Spinngewebe. Der Fotograf war mit Makroobjektiv und Zwischenringen extrem nah herangegangen. Jedes Bild bot eine etwas andere Sehweise – regelrechte »Variationen zu einem Thema« – und eine neue Art der Darstellung eines alten Themas.

Ethische Überlegungen

Bei *Audubon* wollten wir die Mitarbeiter dazu inspirieren, die freie Natur sowohl auf lokaler als auch nationaler Ebene zu schützen und zu bewahren. Wann immer es möglich war, brachten wir Fotos von Tieren in freier Wildbahn. In meinem zweiten Jahr als Bildredakteurin wurde mir eine harte Lektion erteilt. Wir veröffentlichten in der Januarausgabe 1980 ein beeindruckendes Foto eines Bartkauzes, der sich auf eine Maus stürzt.

Während des gesamten Herstellungsprozesses bemerkten weder der Redakteur noch der Art-Direktor und ich, daß die Maus in Wirklichkeit eine südafrikanische Wüstenmaus war. Es war peinlich, als uns einer unserer scharfsichtigen Leser darauf aufmerksam machte, daß Wüstenmäuse einen behaarten Schwanz haben. Die Beute des Bartkauzes hat aber einen nackten Schwanz. Wir fanden später heraus, daß der Fotograf Mäuse gefangen hatte, um den Kauz zu ködern. Bevor er sein Foto jedoch im Kasten hatte, waren ihm die Mäuse ausgegangen. So ging er in ein Tiergeschäft und kaufte einige Wüstenmäuse.

Eliot Porter, der als Könner der großformatigen Naturfotografie gilt, vertrat in seinen späteren Jahren einen ziemlich extremen Standpunkt, der auf Schuldgefühle zurückzuführen war. Keinerlei Manipulation an der Natur war für ihn akzeptabel, nicht einmal das Entfernen oder Arrangieren eines Blattes. Er »fand« seine Fotos in der Natur. Wenn die Komposition nicht stimmte, suchte er sich eine andere Stelle.

1986 wurde Porter von *Audubon* mit dem Hal Borland Award ausgezeichnet. In seiner Dankesrede bekannte er, daß er Jahre zuvor einmal einen Baum umgesägt hatte, um Fotos von einer brütenden Grasmücke zu machen. Das Nest war in der Spitze einer hohen Fichte in Maine. Da er eine Laufbodenkamera und drei Blitzstäbe benutzte, konnte er den Baum nicht hochklettern. Er beschloß, vom Boden aus jeden Tag 30 Zentimeter vom Baum abzusägen, bis das Nest auf Höhe des Stativs war. Glücklicherweise sind brütende Grasmücken unerschütterlich.

Die Manipulation der Natur wird seit Jahren betrieben, von den frühen Tagen Hollywoods bis zu den heutigen Naturfilmen im Fernsehen. Beim Film kann das Material so geschickt geschnitten werden, daß der Eindruck entsteht, als passierten Dinge gleichzeitig. Es ist heute allgemeine Praxis von Fotografen, zahme Tiere für Großaufnahmen und Verhaltensstudien zu mieten. Aufnahmen von gefangenen Tieren können verwendet werden, jedoch nur, wenn sie keine falschen Informationen vermitteln. Bei der Zeitschrift mußten wir wissen, ob Porträts unter kontrollierten Bedingungen aufgenommen wurden. Es konnte einen Unterschied machen, wie wir die Bildunterschriften formulierten.

Ein Fotograf schickte mir einmal eine Serie von Fotos, die eine Konfrontation zwischen einem Rotfuchs und einem Vielfraß zeigte. Er dachte, dieser ungewöhnliche Umstand sei ein Portfolio wert. Ich hatte den Verdacht, daß ein solches Zusammentreffen in der Wildnis unwahrscheinlich sei, da Vielfraße nicht nur sehr selten sind, sondern außerdem Aasfresser sind, Füchse dagegen nicht. Ich rief ihn an, um zu erfahren, unter welchen Bedingungen die Aufnahmen gemacht worden waren. Als er mir erzählte, daß er die Situation mit gemieteten Tieren nachgestellt habe, klärte ich ihn auf, daß bei unserer Zeitschrift Authentizität Bedingung sei. Auf unsere Glaubwürdigkeit paßten wir höllisch auf.

1981 brachte *Geo* eine Geschichte über Riesenpandas. Der Fotograf behauptete, die Geschichte in freier Natur aufgenommen zu haben. *Geo* präsentierte die Geschichte als großen Glücksfall. Später kam heraus, daß die Pandas in Gefangenschaft lebten. Zwei Monate später druckte *Geo* folgenden Text: »Wir entschuldigen uns bei unseren Lesern dafür, daß wir die Täuschung nicht früher bemerkt haben. Sie hat einen etablierten Fotografen seinen Job gekostet; wir werden in Zukunft wachsamer sein. Wie peinlich uns diese Meldung auch sein mag, im Journalismus gibt es keinen Ersatz für Ehrlichkeit.«

Wir befinden uns hier in einer schwierigen Lage. Auf der einen Seite ist Fotografie ein dokumentierendes Medium. Wir erwarten, daß wahr ist, was sie aufzeichnet. Auf der anderen Seite interpretiert jeder einzelne aufgrund der künstlerischen Freiheit die Wirklichkeit so, wie er sie sieht.

Wie erkennen wir, wann Wahrheit manipuliert wird? Es ist nicht immer leicht, dies festzustellen. Ein Beispiel ist ein Foto, das ich zuerst sah, als in überregionalen Zeitschriften damit Werbung für eine Unterwasseruhr gemacht wurde. Jetzt wird das Foto als Grußkarte mit Motiven von Tieren in freier Natur vermarktet. Es ist eine Unterwasseraufnahme von der Silhouette eines Pottwals, den ein Gerätetaucher am Unterkiefer berührt. Hiermit sollte dem Betrachter suggeriert werden, daß Taucher, die diese Uhr tragen, besonders aufregende Erlebnisse hätten. Dabei war der Wal in Wirklichkeit tot, von Walfängern mit einer Harpune erlegt. Soweit ich weiß, ist das Foto ansonsten noch nicht veröffentlicht worden.

Das Manipulieren der Natur ist nicht das einzige Problem, dem wir begegnen müssen. Es gibt auch technische Manipulationen von Fotos. Dazu gehört zum Beispiel, zwei Fotos zu einem Sandwich zusammenzulegen, so daß sie später wie ein einziges Bild aussehen. Auch Doppelbelichtungen, bei denen etwa ein Tier als Silhouette vor einer riesiger Mond- oder Sonnenscheibe zu sehen ist, gehören dazu. Hierbei werden mit einem Teleobjektiv auf Vorrat einige Aufnahmen vom Mond oder der Sonne gemacht, der Film zurückgespult und ein zweites Mal eingelegt, wenn ein Tier erscheint. Solche Fotos eignen sich eher für die Werbung als für Verlage. Integre Zeitschriften halten sich an Tatsachen und an die Wahrheit. Das gilt sowohl für Texte als auch für Fotos.

Computer erlauben neue Formen der Manipulation. Durch leistungsfähige Scanner lassen sich Bilder in winzige Bildpunkte zerlegen. Anschließend können diese digitalisierten Fotos beliebig bearbeitet werden. Elemente können entfernt, verändert oder mit anderen kombiniert werden, so daß das Ergebnis wie ein glaubwürdiges Originalfoto aussieht. Vor einigen Jahren brachte *National Geographic* ein Titelbild mit zwei Pyramiden. Anschließend kam der Verdacht auf, daß die Pyramiden durch digitale Manipulation dichter zusammengerückt worden seien. Ein Aufschrei ging durch die Verlagswelt. Machte man sich da nicht an der Wirklichkeit zu schaffen?

Dank der Fähigkeit der Kamera, Ereignisse zu dokumentieren, aufzuzeichnen und Zeuge zu sein, ist die Fotografie in bestimmten Bereichen anderen Formen der Kunst überlegen gewesen. Dies ist die Wahrheit. Jetzt können neue Technologien diese Wahrheit plötzlich manipulieren. Wenn Teile eines Bildes entfernt und in ein anderes eingesetzt werden können, ist das Endergebnis nicht mehr wahr, es muß nicht einmal mehr der Wirklichkeit entsprechen. Wenn es gut gemacht wird, werden die meisten Menschen es nie bemerken.

In der Naturfotografie ist das Vermeiden jeglicher Beeinträchtigung freilebender Tiere heute wohl die wichtigste ethische Forderung. Im Denali National Park werden Fotografen durch die Ausgabe von Ausweisen strikt in ihrer Bewegungsfreiheit eingeschränkt, der Zugang wird kontrolliert, um das Risiko gefährlicher Begegnungen zwischen Fotograf und Tier zu reduzieren. Im vorangegangenen Kapitel haben wir die beiden Fotografen erwähnt, die beim Versuch, sich zu sehr zu nähern, getötet worden sind. Obwohl beide Angriffe aus der Sicht der Bären Selbstverteidung waren, wurde eines der Tiere »vernichtet«. Andere Nationalparks werden wohl auch bald dazu gezwungen sein, den Zugang zu kontrollieren, sowohl zum Schutze freilebender Tiere als auch sorgloser Fotografen.

Wir haben uns alle daran gewöhnt, daß Naturfotografie auf hohem Niveau betrieben wird dank leistungsfähiger Teleobjektive, Motorantriebe für Kameras und Zeitschriften wie *Audubon, National Geographic, Natural History, National and International Wildlife, Smithsonian* und zahlreicher Bücher, Poster, Kalender und Grußkarten zu diesem Themenbereich. Auch die allgegenwärtige Präsenz von Naturfilmen im Fernsehen hat uns intime Details von vielen Tieren und ihrem Verhalten ins Wohnzimmer gebracht.

Ohne Zweifel hat dies zu dem Gefühl beigetragen, daß die Nähe zu Tieren erstrebenswert ist. Wir erwarten anscheinend, daß diese Nähe zu gefahrlosen Begegnungen mit Tieren in freier Wildbahn führt. Mein Bruder konnte es kaum glauben, als er einmal sah, wie ein Mann im Yellowstone National Park aus dem Auto sprang, seine beiden Kinder direkt zu zwei Grizzlyjungen schob und von ihnen ein Foto mit seiner Instamatic machte. Er hat wohl nie einen Gedanken an die Mutter der Jungbären und an die Gefahr für seine Kinder verschwendet.

Ich glaube, daß die Zerbrechlichkeit der Schönheit, die sie zu ihrer Arbeit inspiriert, Naturfotografen bewußter als anderen ist. Ich bezweifle, daß sie freilebende Tiere stören wollen und für die Zerstörung von deren Lebensraum verantwortlich sein wollen. Doch der Wettbewerb auf diesem Gebiet nimmt zu, und es sind immer mehr Fotografen unterwegs, die noch bessere Fotos und formatfüllendere Porträts machen wollen und die die Tiere dabei zu stark bedrängen. Wenn sich dieser Trend nicht selbst reguliert, wird der Zugang vielleicht irgendwann allen Fotografen verwehrt.

James Balog erregte kürzlich einiges Aufsehen mit seinem Portfolio von aussterbenden Arten, die in von Menschen gemachter Umgebung aufgenommen wurden. Seine Aussage war, daß die Romantik wilder Tiere in unberührter Natur nicht mehr existierte. Wenn es so sein sollte, ist dann dieses Portfolio die Vision, die wir für das 21. Jahrhundert haben wollen?

NACHWORT

Dieses Buch hat nie den Anspruch erhoben, das Thema Fotografie endgültig oder erschöpfend zu behandeln. Wir wollten lediglich einige Aspekte ans Licht bringen, die selten diskutiert werden, dem Vorgang des Fotografierens jedoch zugrunde liegen.

Eliot Porter hat sein fanatisches Engagement für die Vogelfotografie in einigen Bemerkungen festgehalten, die 1972 in *Audubon* veröffentlicht wurden: »Ich wollte nicht einfach nur das Abbild eines Vogels auf Film festhalten. Wichtig war immer der gesamte nutzbare Bildausschnitt. Jedes Element innerhalb dieses Ausschnitts muß zur Einheit des Bildes beitragen, wenn das Foto den Anspruch auf Kunst erhebt.«

Warum sollten wir das Fotografieren von Vögeln oder jede andere Art von Fotografie zur Kunst erheben? Aus dem einfachen Grund, daß Kunst die kreative Antwort des Menschen auf die Welt ist, in der wir alle leben. Entscheidend für den Erfolg oder Mißerfolg eines Künstlers, seine Ideen einem breiteren Publikum näherzubringen, ist die Art und Weise, wie er seine Vorstellungen ausdrückt. Alles mögliche kann Gegenstand der Kunst sein. Durch das Vermitteln einer persönlichen Sehweise kann er unsere Art zu sehen und zu empfinden beeinflussen. Das ist es, was jede außergewöhnliche Fotografie zum Ziel hat.

BIBLIOGRAPHIE

Bildgestaltung

Bildaufbau von Prof. Harald Mante, Augustus Verlag, Augsburg, 1990. 108 S., 557 Abb., 38,– DM.

Farb Design von Prof. Harald Mante, Augustus Verlag, Augsburg, 1991. 108 S. 110 Abb., 39,80 DM.

Bildgestaltung leicht gemacht von Detlev Motz, Augustus Verlag, Augsburg, 1990. 96 S., 170 Abb., 49,80 DM.

Die Fotokomposition von Karen Ostertag, Augustus Verlag, Augsburg, 1982. 172 S., 190 Fotos, 39,80 DM.

Natur-, Landschafts- und Reisefotografie

Natur Fotoschule von Eric A. Soder, Verlag PHOTOGRAPHIE, Schaffhausen, 1992. Ca. 200 S., über 300 Abb. in Farbe, geb. 112,– DM.

Makro Fotoschule von Martin Sigrist und Erwin Stegmann, Verlag PHOTOGRAPHIE, Schaffhausen, 1989. 200 S., über 300 Fotos, geb. 112,– DM.

Hohe Schule der Landschaftsfotografie von Eckart Pott und Helfried Weyer, Umschau Verlag, Frankfurt, 1992. 160 S., 74 Farb- und 11 SW-Fotos, geb. 58,– DM.

Hohe Schule der Reisefotografie von Helfried Weyer, Umschau Verlag, Frankfurt, 1992. 184 S., 60 Farb- und 23 SW-Fotos, geb. 58,– DM.

Hohe Schule der Naturfotografie von Eckart Pott, Umschau Verlag, Frankfurt, 1991. 168 S., 64 Farb- und 30 SW-Fotos, geb. 58,– DM.

Fotografieren auf Reisen von Reinhard Eisele, Augustus Verlag, Augsburg 1994. 96 S., ca. 150 Abb., 34,– DM.

Panorama Fotografie von Michael Nischke, Augustus Verlag, Augsburg 1994. 80 S., ca. 70 Abb., 29,80 DM.

Perfekte Landschaftsfotos von Gerhard Kerff, Knapp-Verlag, Düsseldorf, 1986. 119 S., über 100 SW- und Farbfotos, 29,80 DM.

Aufnahmetechnik allgemein

Belichtungsmessung von Adrian Bircher, Verlag PHOTOGRAPHIE, Schaffhausen, 1989. 96 S., viele Abb. und Tab., geb. 39,– DM.

Das ist Fotografie von Andreas Feininger, Verlag PHOTOGRAPHIE, Schaffhausen, 1995. 152 S., 98,– DM

Große Fotolehre von Andreas Feininger, Heyne Verlag, München, 1981. 19,90 DM

Objektive kreativ nutzen von Prof. Harald Mante und Josef H. Neumann, Verlag PHOTOGRAPHIE, Schaffhausen, 1986. 192 S., über 480 Farbfotos, geb., 84,– DM.

Filme kreativ nutzen von Prof. Harald Mante und Josef H. Neumann, Verlag PHOTOGRAPHIE, Schaffhausen, 1988. 192 S., über 200 Farbfotos, geb., 84,– DM.

Farbfotografie von Jost J. Marchesi, Verlag PHOTOGRAPHIE, Schaffhausen, 1987. 42 S., 22,– DM.

Handbuch der Fotografie von Jost J. Marchesi, Verlag PHOTOGRAPHIE, Schaffhausen.
Bd. 1 (1993), 304 S., über 300 farb. Abb., 84,– DM.
Bd. 2 (1994), 280 S., über 250 farb. Abb., 84,– DM.

Photokollegium Band 1 bis 6 von Jost J. Marchesi, Verlag PHOTOGRAPHIE, Schaffhausen, 1991/92. Je ca. 80 bis 120 Seiten, je 32,– DM.

John Hedgecoes Große Fotoschule von John Hedgecoe, Christian Verlag, München, 1995. 264 S., über 800 Farbfotos u. Abb., 68,– DM.

Blitz Fotoschule von Michael Nischke, Verlag PHOTOGRAPHIE, Schaffhausen, 1990. 224 S., über 350 Fotos, geb. 112,– DM.

Zeitschrift

Fotografie draußen, Tecklenborg-Verlag, Steinfurt, 12mal jährlich, DM 9,80.

REGISTER

Kursiv gesetzte Stichworte beziehen sich auf die abgebildeten Motive.

Im Christian Verlag erschienen

Ansel Adams: Klassiker der Schwarzweißfotografie

Das Negativ
ISBN 3-88472-071-6
Das Positiv
ISBN 3-88472-072-4
Die Kamera
ISBN 3-88472-070-8
Jeder Band:
DM 78,– ÖS 598,– SFR 74,30

Meisterphotos
Ansel Adams

Entstehung, Technik und Gestaltung der 40 berühmtesten Bilder
192 Seiten, Duotone.

DM 98,– ÖS 765,– SFR 92,20
ISBN 3-88472-073-2

Ansel Adams
Postkarten: Nationalparks
30 Postkarten, in Duotone gedruckt.

DM 24,80 ÖS 194,– SFR 24,80
ISBN 3-88472-267-0

Ansel Adams
Postkarten
30 Postkarten, in Duotone gedruckt.

DM 24,80 ÖS 194,– SFR 24,80
ISBN 3-88472-254-9

Autobiographie
Ansel Adams
344 Seiten, Leinen mit Schutzumschlag.

DM 68,– ÖS 531,– SFR 65,40
ISBN 3-88472-141-0

Ansel Adams – Nationalparks
80 Photos in Duotone
127 Seiten, Paperback.

DM 39,80 ÖS 311,– SFR 39,80
ISBN 3-88472-235-2

Yosemite und die High Sierra
Ansel Adams
Mit einer Einleitung von John Szarkowski
139 Seiten mit 75 Fotos in Duotone.
Großformat. Leinen mit Schutzumschlag.

DM 118,–
ISBN 3-88472-266-2